2025年版

みんなが欲しかった!

介護福祉士の一問一答+穴埋めドリル!

TAC介護福祉士
受験対策研究会

TAC出版
TAC PUBLISHING Group

はじめに

本書は、介護福祉士国家試験の合格基準である６割の得点を確実にするための、頻出・重要ポイントのチェック＆トレーニング集です。

① 第24～36回国家試験を対象に徹底した出題分析から、頻出テーマをしぼり、過去問をベースにした良問と予想問題を作成しています。

② 左ページの問題は、すべて正文に改題！ 正誤ポイントとなる用語を、文字数分の〔　　　　〕と空欄とし、右ページに空欄に入る解答と解説を掲載しています。

③ 解説は実戦で役立つ知識を中心に、また頻出・重要用語は赤チェックシートを使用することで、〝いつでも〟〝どこでも〟手軽に学習することができます。

④ またドリルに入る前に、国家試験直結の受験知識を「ポイント・チェック！」として科目ごとにまとめました。知識を再確認する際ご活用ください。

以上、本書は、受験生のみなさまの実力を、短時間で合格レベルにまで引き上げるのに必要なアイテムを満載しています。

ぜひ、効率的な学習で合格を目指してください。

2024年４月

TAC介護福祉士受験対策研究会

本書の特長と使い方

本書は、介護福祉士国家試験の試験科目ごとに過去問題をベースとした穴埋め式の問題を収載しています。

介護福祉士国家試験の出題基準と出題実績から厳選した頻出テーマを試験科目ごとに掲載しています。

問題にはチェック欄を付しています。有効に活用してください。

実際の試験問題で正答を導くためのポイントとなる語句や数字を空欄にしてあります。空欄の長さをヒントに考えてみましょう。書き込んでもＯＫ！

一問一答 ＋穴埋めドリル！

1 欲求

Q 001 □□ 欲求は、生理的欲求と〔　　〕的欲求に分類できる。

Q 002 □□ 生理的欲求は、〔　　　　　　　　〕の働きによって制御される。

Q 003 □□ マズローの欲求階層説では、欲求を〔　〕段階に分類している。

Q 004 □□ マズローの欲求階層説において安全の欲求は〔　　〕欲求に含まれる。

Q 005 □□ マズローの欲求階層説において、好意がある他者との良好な関係は、〔　　　　　〕の欲求に相当する。

Q 006 □□ マズローの欲求階層説において〔　　　　　〕の欲求は、他者からの承認などの欲求である。

2 記憶

Q 007 □□ 目や耳などの感覚器でとらえた情報を一時的に記憶するのは、〔　　〕記憶である。

Q 008 □□ 自転車の乗り方など、繰り返し練習することで習得した技術や技能などに関する記憶は、〔　　　〕記憶である。

74

本書は、左ページに穴埋め問題、右ページに解答・解説を配置する「見開き」の構成になっています。赤シートをうまく活用して、キーワードの暗記や、重要ポイントをリズミカルにマスターしていきましょう。

左ページの空欄に入る語句です。

問題に対応した解説やプラスαの知識を掲載しています。重要語句は赤シートで隠せるようになっているので、解説編も穴埋め式ドリルとして活用できます。

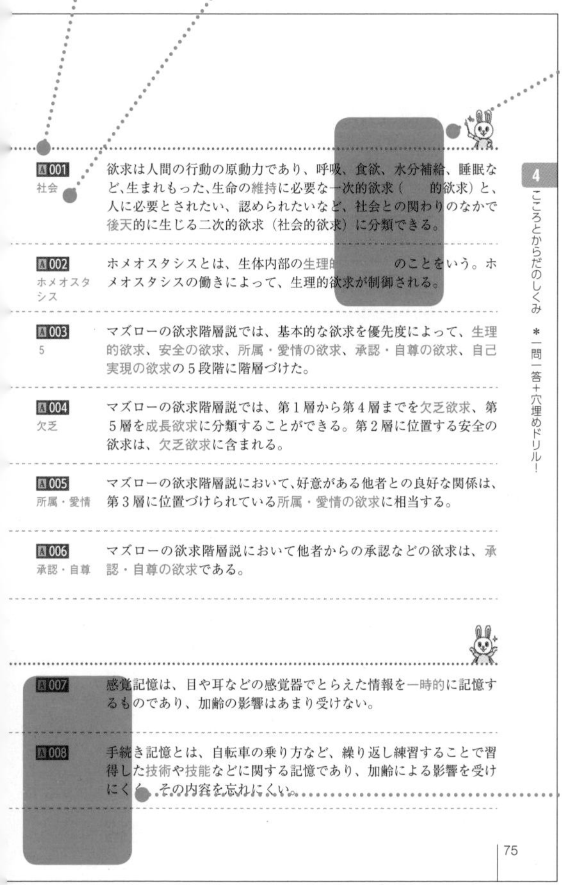

4 こころとからだのしくみ ＊一問一答＋穴埋めドリル！

A 001 社会
欲求は人間の行動の原動力であり、呼吸、食欲、水分補給、睡眠など、生まれもった、生命の維持に必要な一次的欲求（　　的欲求）と、人に必要とされたい、認められたいなど、社会との関わりのなかで後天的に生じる二次的欲求（社会的欲求）に分類できる。

A 002 ホメオスタシス
ホメオスタシスとは、生体内部の生理的　　　のことをいう。ホメオスタシスの働きによって、生理的欲求が制御される。

A 003 5
マズローの欲求階層説では、基本的な欲求を優先度によって、生理的欲求、安全の欲求、所属・愛情の欲求、承認・自尊の欲求、自己実現の欲求の５段階に階層づけた。

A 004 欠乏
マズローの欲求階層説では、第１層から第４層までを欠乏欲求、第５層を成長欲求に分類することができる。第２層に位置する安全の欲求は、欠乏欲求に含まれる。

A 005 所属・愛情
マズローの欲求階層説において、好意がある他者との良好な関係は、第３層に位置づけられている所属・愛情の欲求に相当する。

A 006 承認・自尊
マズローの欲求階層説において他者からの承認などの欲求は、承認・自尊の欲求である。

A 007
感覚記憶は、目や耳などの感覚器でとらえた情報を一時的に記憶するものであり、加齢の影響はあまり受けない。

A 008
手続き記憶とは、自転車の乗り方など、繰り返し練習することで習得した技術や技能などに関する記憶であり、加齢による影響を受けにくく、その内容を忘れにくい。

75

『みんなが欲しかった！介護福祉士の教科書』を併用して学習すれば、合格がぐっと近くなります。

空欄に入る語句も隠せるようになっています。

介護福祉士国家試験の概要

介護福祉士は「社会福祉士及び介護福祉士法」によって規定されている、介護福祉職の国家資格です。

介護福祉士になるためには、厚生労働大臣の指定する養成施設で、所定の科目を修得して卒業することで資格を取得する方法（養成施設ルート）と、一定の実務経験を積んだうえで介護福祉士国家試験に合格する方法（実務経験ルート）、そして高等学校等で福祉に関する所定の学習を修めて卒業したうえで、介護福祉士国家試験に合格する方法（福祉系高校ルート）があります。

試験の概要と受験資格

介護福祉士国家試験は、年1回実施されます。受験手続は、公益財団法人社会福祉振興・試験センターに「受験の手引」を請求し、それに従って、受験申込書と必要書類を提出します。

実務経験による受験（実務経験ルート）
介護等の業務に3年以上従事し、かつ実務者研修を修了した者（実務経験3年以上で、「介護職員基礎研修」と「喀痰《かくたん》吸引等研修（第三号研修を除く）」の両方を修了している場合は、実務者研修の修了者と同様に受験資格となる）
福祉系高校の卒業による受験（福祉系高校ルート）
高等学校または中等教育学校、特例高等学校（専攻科を含む）において、福祉に関する所定の教科目および単位を修めて卒業した者（特例高等学校の場合は卒業後、9か月以上介護等の業務に従事することが必要）

試験は筆記試験と実技試験で行われますが、実務経験ルートの場合、実務者研修の修了が必須であることから、実技試験が免除となります。また、福祉系高校ルートのうち、新カリキュラムを修了した2009年度以降の入学者のほか、旧カリキュラムを修了した2008年度以前の入学者と、特例高等学校の入学者は、介護技術講習を修了することで、実技試験が免除となります。

CHECK!

養成施設ルートの者についても、資格取得のためには国家試験の合格が義務化されましたが、現在は、経過措置期間となっています。

試験の実施団体

公益財団法人社会福祉振興・試験センターは、厚生労働大臣の指定機関として、社会福祉士・介護福祉士・精神保健福祉士の国家試験の実施と登録の事務を行っています。

受験資格のほか、試験に関する質問は、下記、公益財団法人社会福祉振興・試験センターへお問合せください。

公益財団法人社会福祉振興・試験センター
WebSite ▶ http://www.sssc.or.jp/
〒150-0002　東京都渋谷区渋谷1-5-6 SEMPOSビル
国家試験情報専用電話案内　03-3486-7559（音声案内、24時間対応）
試験室電話番号　03-3486-7521（9:00～17:00、土・日・祝を除く）

試験のスケジュール〈2023年度（第36回）実施例〉

受験申込受付期間		2023年8月9日（水）～2023年9月8日（金）（消印有効） ※過去の試験（第10回～35回）で、受験票を受け取った者のうち、受験資格が確定している者は、インターネットによる受験申し込みが可能
受験料		18,380円
筆記試験	受験票発送	2023年12月8日（金）
	試験日	2024年1月28日（日）
	受験地	北海道、青森県、岩手県、宮城県、秋田県、福島県、群馬県、埼玉県、千葉県、東京都、神奈川県、新潟県、石川県、長野県、岐阜県、静岡県、愛知県、京都府、大阪府、兵庫県、和歌山県、鳥取県、島根県、岡山県、広島県、香川県、愛媛県、高知県、福岡県、長崎県、熊本県、大分県、宮崎県、鹿児島県、沖縄県
実技試験受験選択者	筆記試験結果通知及び実技試験受験票発送	2024年2月16日（金） ※実技試験免除で受験申し込みをした方には、3月25日（金）の合格発表時に筆記試験結果に基づく合否を通知します。
	実技試験日	2024年3月3日（日）
	受験地	東京都、大阪府
合格発表		2024年3月25日（月）14時

筆記試験の概要〈2023年度（第36回）実施例〉

試験は午前（100分）、午後（120分）の合計220分で行われます。出題形式はマークシートによる5肢択一を基本とする多肢選択形式です。問題用紙に図･表･イラスト･グラフを用いることがあり、合計125問が出題されます。

区　分	領　域	科　　目	出題数
午前（100分）	人間と社会（18問）	人間の尊厳と自立（本書：CHAPTER1）	2問
		人間関係とコミュニケーション（本書：CHAPTER2）	4問
		社会の理解（本書：CHAPTER3）	12問
	こころとからだのしくみ（40問）	こころとからだのしくみ（本書：CHAPTER4）	12問
		発達と老化の理解（本書：CHAPTER5）	8問
		認知症の理解（本書：CHAPTER6）	10問
		障害の理解（本書：CHAPTER7）	10問
	医療的ケア（5問）	医療的ケア（本書：CHAPTER8）	5問
午後（120分）	介護（50問）	介護の基本（本書：CHAPTER9）	10問
		コミュニケーション技術（本書：CHAPTER10）	6問
		生活支援技術（本書：CHAPTER11）	26問
		介護過程（本書：CHAPTER12）	8問
	総合問題		12問
合　計			125問

CHECK!

第35回試験から、試験時間が午前は110分から100分に、午後が110分から120分に変更されました。出題順も「こころとからだのしくみ」「医療的ケア」の領域が午後から午前に、「介護」の領域が午前から午後の出題に変更されました。また、「人間関係とコミュニケーション」が２問増えて４問の出題、「コミュニケーション技術」が２問減って６問の出題となっています。

◉配点と合格基準

配点は1問1点の125点満点で、次にあげるアとイの2つの条件を満たすことが合格の条件となります。

ア：問題の総得点の60％程度を基準として、問題の難易度で補正した点数以上の得点の者（2023年度の第36回では67点以上の者）

イ：以下の11科目群すべてにおいて得点があった者
①人間の尊厳と自立、介護の基本　②人間関係とコミュニケーション、コミュニケーション技術　③社会の理解　④生活支援技術　⑤介護過程　⑥こころとからだのしくみ　⑦発達と老化の理解　⑧認知症の理解　⑨障害の理解　⑩医療的ケア　⑪総合問題

実技試験の概要〈2023年度（第36回）実施例〉

実技試験は「介護等に関する専門的技能（介護の原則、健康状況の把握、環境整備、身体介護）」を問うもので、実際のシチュエーションを再現した会場で、5分以内という条件で行われます。

◉配点と合格基準

筆記試験合格者のうち、課題の総得点の60％程度を基準として、課題の難易度で補正した点数以上の得点の者（2023年度の第36回では53.33点以上の者）が合格となります。

過去5年間の受験者数・合格者数の推移

	2019年度（第32回）	2020年度（第33回）	2021年度（第34回）	2022年度（第35回）	2023年度（第36回）
受験者数	84,032人	84,483人	83,082人	79,151人	74,595人
合格者数	58,745人	59,975人	60,099人	66,711人	61,747人
合格率	69.9%	71.0%	72.3%	84.3%	82.8%

目　次

※本書は、2024年２月末現在の施行法令等に基づいて編集しています。最新の試験情報については社会福祉振興・試験センターのホームページ（http://www.sssc.or.jp/）を、その他の制度改正情報についてはTAC出版ホームページ「正誤表・法改正情報」（https://bookstore.tac-school.co.jp/err_res/）にてご確認ください。

1

人間の尊厳と自立

ココ!確認  ポイント・チェック!

福祉関連法における人間の「尊厳」と「自立」

社会福祉法〈第３条　福祉サービスの基本的理念〉

福祉サービスは、個人の尊厳の保持を旨とし、その内容は、福祉サービスの利用者が心身ともに健やかに育成され、又はその有する能力に応じ自立した日常生活を営むことができるように支援するものとして、良質かつ適切なものでなければならない

障害者基本法〈第３条　基本的理念〉

全ての障害者が、障害者でない者と等しく、基本的人権を享有する個人としてその尊厳が重んぜられ、その尊厳にふさわしい生活を保障される権利を有する

障害者総合支援法

〈第１条　目的〉
障害者及び障害児が基本的人権を享有する個人としての尊厳にふさわしい日常生活又は社会生活を営むことができるよう、必要な障害福祉サービスに係る給付、地域生活支援事業その他の支援を総合的に行い、もって障害者及び障害児の福祉の増進を図るとともに、障害の有無にかかわらず国民が相互に人格と個性を尊重し安心して暮らすことのできる地域社会の実現に寄与する

〈第３条　国民の責務〉
すべての国民は、障害の有無にかかわらず、障害者等が自立した日常生活又は社会生活を営めるような地域社会の実現に協力するよう努めなければならない

介護保険法〈第１条　目的〉

この法律は、加齢に伴って生ずる心身の変化に起因する疾病等により要介護状態となり、入浴、排せつ、食事等の介護、機能訓練並びに看護及び療養上の管理その他の医療を要する者等について、これらの者が尊厳を保持し、その有する能力に応じ自立した日常生活を営むことができるよう、……（略）

社会福祉士及び介護福祉士法〈第44条の２　誠実義務〉

社会福祉士及び介護福祉士は、その担当する者が個人の尊厳を保持し、自立した日常生活を営むことができるよう、常にその者の立場に立って、誠実にその業務を行わなければならない

精神保健福祉士法〈第38条の2　誠実義務〉
精神保健福祉士は、その担当する者が個人の尊厳を保持し、自立した生活を営むことができるよう、常にその者の立場に立って、誠実にその業務を行わなければならない。

4つの自立

身体的自立	食事や排泄、更衣など、生活を維持・継続していくために必要な身体的動作を自力で行えること
精神的自立	自分の生活や人生に目標を持ち、自らが主体となって、目標達成のために物事を判断し、進めていくこと
経済的自立	収入の多寡にかかわらず、働くことができており、かつ収入と支出のバランスが取れていること
社会的自立	経済活動や社会活動などに参加し、社会的な役割を担うこと

尊厳の保持と自立支援

ノーマライゼーション	人々の生きる権利や当たり前の人間として扱われる基本的権利の確立を目指した理念であり、デンマークのバンク-ミケルセンが提唱した
アドボカシー	「代弁」「弁護」「権利擁護」などと訳される。利用者の利益を守るために、本人に代わって主張すること
エンパワメント	権利、侵害や抑圧された状況にある当事者が自らその状況を克服していく力を獲得していくこと

ADL・IADLの範囲とQOLの考え方

ADL（日常生活動作）	立つ、座る、歩くなどの**基本的動作**のことで、食事や排泄、入浴、更衣（着替え）、コミュニケーション能力などが含まれる
IADL（手段的日常生活動作）	基本的動作をもとに、掃除、洗濯、買い物、調理、金銭管理、交通機関の利用など、より複雑な動作が含まれる
QOL（生活の質）	精神的な満足度や幸福感などから、その人の望む**生活の質**に焦点を当てて支援していくという考え方

一問一答 ＋穴埋めドリル！

1 福祉関連法における尊厳と自立

Q 001 □□ 日本国憲法第25条で規定されている権利は、〔　　〕権である。

Q 002 □□ 福祉サービスについて、福祉サービスの利用者が「その有する能力に応じ自立した日常生活を営むことができるように支援する」ものと規定しているのは、〔　　　　〕法である。

Q 003 □□ 高齢者等が、尊厳を保持し、その有する能力に応じて自立した日常生活を営むことができるようにすることを法の目的としているのは、〔　　　　〕法である。

Q 004 □□ 〔　　　　　〕法では、障害者の自立及び社会参加の支援等のための施策を総合的かつ計画的に推進することを目的としている。

Q 005 □□ 障害者総合支援法では、すべての国民は、障害者等が自立した生活が営めるような〔　　　　〕の実現に協力するよう努めなければならないと規定している。

Q 006 □□ ホームレス自立支援法では、ホームレスに対し、その自立を支援するための国及び地方公共団体の〔　　〕を活用すること等により、自らの自立に努めるものとしている。

Q 007 □□ 生活困窮者自立支援法の基本理念には、「生活困窮者の〔　　〕の保持」の文言が明記されている。

A 001
生存

生存権は、社会権のひとつに含まれるもので、日本国憲法第25条に規定されている。すべての国民が、健康で文化的な最低限度の生活を営む権利を有することを示したものである。

A 002
社会福祉

社会福祉法第３条では、「福祉サービスは、個人の尊厳の保持を旨とし、その内容は、福祉サービスの利用者が心身ともに健やかに育成され、又はその有する能力に応じ自立した日常生活を営むことができるように支援するもの」と規定している。

A 003
介護保険

介護保険法第１条では、「要介護状態になり、介護、機能訓練、看護などを必要とする人が、尊厳を保持し、その有する能力に応じ自立した日常生活を営むことができるよう、国民の共同連帯の理念に基づき介護保険制度を設け、国民の保健医療の向上と福祉の増進を図ることを目的とする」としている。

A 004
障害者基本

障害者基本法は、共生社会の実現に向けた法制度を築いていくための基本的法律としての性格をもっている。

A 005
地域社会

障害者総合支援法では、国民の責務として「すべての国民は、その障害の有無にかかわらず、障害者等が自立した日常生活又は社会生活を営めるような地域社会の実現に協力するよう努めなければならない」と規定している。

A 006
施策

ホームレス自立支援法第３条では、自立支援などに関する施策の目標として、就業の機会の確保と生活保護法による保護の実施を規定している。

A 007
尊厳

生活困窮者自立支援法では、「生活困窮者に対する自立の支援は、生活困窮者の尊厳の保持を図りつつ～」と基本理念のなかに「生活困窮者の尊厳の保持」を明記している。

2 アドボカシー

Q 008 □□ アドボカシーとは、利用者の権利を守ることで、〔　　　　〕活動などと訳される。

Q 009 □□ 利用者集団や地域を対象に実施する権利を代弁する活動を、〔　　　〕アドボカシーという。

Q 010 □□ 1人のクライエントの利益と安定した生活を守るための活動を、〔　　　〕アドボカシーという。

Q 011 □□ 当事者自ら権利擁護活動を行うことを、〔　　　〕アドボカシーという。

3 ノーマライゼーション

Q 012 □□ ノーマライゼーションの理念を初めて提唱した国は、〔　　　〕である。

Q 013 □□ ノーマライゼーションの8つの原理を提唱したのは、〔　　　〕である。

Q 014 □□ ノーマライゼーションの理念をアメリカやカナダに紹介したのは、〔　　　　　　　　〕である。

Q 015 □□ ノーマライゼーションの理念が日本に広がるきっかけとなったのは、1981年の〔　　　　　〕年である。

A 008 権利擁護

アドボカシーとは、利用者の権利などの擁護活動をいう。利用者の主張を代弁し、家族の意思や意向も踏まえ、必要なサービスや制度につなげることが、介護福祉職には求められる。

A 009 クラス

クラスアドボカシーは、システムアドボカシーやコーズアドボカシーともいい、利用者集団や地域を対象に実施する権利を代弁する活動を意味するものである。

A 010 ケース

ケースアドボカシーとは、クライエントとその家族を対象に実施する個別的な権利を代弁する活動をいう。

A 011 セルフ

当事者自身やグループが行うアドボカシーを、セルフアドボカシーという。

A 012 デンマーク

ノーマライゼーションの理念は、デンマークのバンク-ミケルセンにより初めて提唱され、同国の「1959年法」に導入された。

A 013 ニィリエ

ノーマライゼーションの８つの原理を提唱したのは、ノーマライゼーションの育ての父とも呼ばれているスウェーデンのニィリエである。

A 014 ヴォルフェンスベルガー

ノーマライゼーションの考え方を世界的に広めたヴォルフェンスベルガーは、その後、ノーマライゼーションに代わる「価値のある社会的役割の獲得」を目指すソーシャルロール・バロリゼーション（SRV）を提唱した。

A 015 国際障害者

日本国内では、国連総会で定められた1981年の国際障害者年を契機に、ノーマライゼーションに対する関心が高まっていった。

4 QOLの考え方

Q 016 □□ QOLとは、Quality Of Lifeの略で、「生活の〔　〕」「人生の〔　〕」のことをいう。

Q 017 □□ 食事や排泄、移動、入浴など日常生活において不可欠な基本動作のことを〔　　　〕(日常生活動作) という。

Q 018 □□ ADLをもとにした手段的日常生活動作を〔　　　〕という。

5 自立の考え方

Q 019 □□ 食事や排泄、更衣など、生活を維持・継続していくために必要な身体的動作を自力で行えることを〔　　〕的自立という。

Q 020 □□ 生活の目標をもち、自らが主体となって物事を進めていくことを〔　　〕的自立という。

Q 021 □□ 個人が自分の生計を立て、経済的な安定を築くことを〔　　〕的自立という。

Q 022 □□ 経済活動や社会活動などに参加し、生活を営むことを〔　　〕的自立という。

A 016 質

WHOは1994年にQOLを「一個人が生活する文化や価値観のなかで、目標や期待、基準、関心に関連した自分自身の人生の状況に対する認識」と定義している。

A 017 ADL

ADL（Activities of Daily Living）とは、立つ、座る、歩くなどの基本的動作のことで、食事や排泄、入浴、更衣（着替え）、コミュニケーション能力などが含まれる。

A 018 IADL

IADL（Instrumental Activities of Daily Livingとは、基本的動作をもとにした、掃除、洗濯、買い物、調理、金銭管理、交通機関の利用などの動作をいい、より複雑な動作が含まれる。

A 019 身体

身体的自立は、個人が自分の身体の健康や生活維持に必要なスキルや知識を身につけ、自らの体調や生活習慣に責任を持つことをいう。

A 020 精神

精神的自立は、自分の生活や人生に目標を持ち、自らが主体となって、目標達成のために物事を判断し、進めていくことをいう。

A 021 経済

経済的自立は、収入の多寡にかかわらず、働くことができており、かつ収入と支出のバランスが取れていることをいう。

A 022 社会

社会的自立は、個人が社会との関わりの中で自己実現を果たし、他者と協力し、コミュニケーションを取りながら社会的な役割を担うことをいう。

2

人間関係とコミュニケーション

ココ!確認  ポイント・チェック!

人間関係

自己覚知	援助者が自己の価値観や感情などを深い次元で理解すること → 援助者自身の言動の傾向を理解することは、ありのままの利用者を受容するために必要
他者理解	相手に対する理解の心のこと → 生活歴や家族関係などの背景も含めて、利用者がどのような価値観や考え方をもっているのかを知ろうとすることは、今後どのような介護を提供していくべきか、その基準となる
自己開示	自分の所属や役割などを説明することによって、相手に安心感を与えるなど、良好な人間関係を築くために行う
ラポール	援助者と利用者の間に形成される信頼関係のこと
受容	利用者の態度、行動、価値観などをありのままに受け入れること
共感	利用者の感じている事柄について、利用者の立場で援助者が理解を深めること
傾聴	サービス利用者に自由に話をしてもらい、援助者はその話をじっくりと聴くという面接の基本的な姿勢のこと
逆転移	援助者が自分の親や子などに向けていた無意識な感情や葛藤を、利用者に対して向けるようになること
転移	利用者が、自分の親や子などに向けていた無意識な感情や葛藤を、援助者に向けるようになること

コーピング（対処行動）の種類

問題焦点型コーピング	ストレッサーとなっている状況を変えていこうとする方法
情動焦点型コーピング	ストレッサーによってもたされる情動をコントロールしていく方法

コミュニケーションの技法

生活場面面接（ライフスペースインタビュー）
1950年代に治療面接を目的としてアメリカの精神分析医レドル（Redl, F）によって開発された日常生活の場で行われる意図的な面接。その特徴は、時間や場所があらかじめ決められている面接室での面接とは異なり、居室でのケアをしながらのコミュニケーション、廊下や食堂などで話される、普段の何気ない声かけや立ち話のような形をとる
対人距離
❶ 直角法…協力関係。面接などでよく用いられ、会話がしやすいのが特徴 ❷ 対面法…競争や対決のときに現れ、緊張が生じる場合がある ❸ 並列法…隣に座る。親しい関係の者同士にみられ、協力しやすい
言語的コミュニケーション
言葉によるコミュニケーションのこと
非言語コミュニケーション
身振り手振り、表情、視線、服装などの言語以外のコミュニケーションのこと

ジョハリの窓

ジョハリの窓は、円滑にコミュニケーションを進めるため、自身の知っている部分や知らない部分などを４つに分類したモデルである。

	●自分は知っている	●自分は知らない
●他人は知っている	開かれた窓 （開放部分）	気づかない窓 （盲点《もうてん》部分）
●他人は知らない	隠された窓 （隠蔽《いんぺい》部分）	閉ざされた窓 （未知部分）

ＰＭ理論（提唱者：三隅二不二）

三隅二不二《じゅうじ》のリーダーシップのＰＭ理論では、目標達成能力（パフォーマンス）をリーダーシップのＰ行動といい、集団維持能力（メンテナンス）をリーダーシップのＭ行動という。

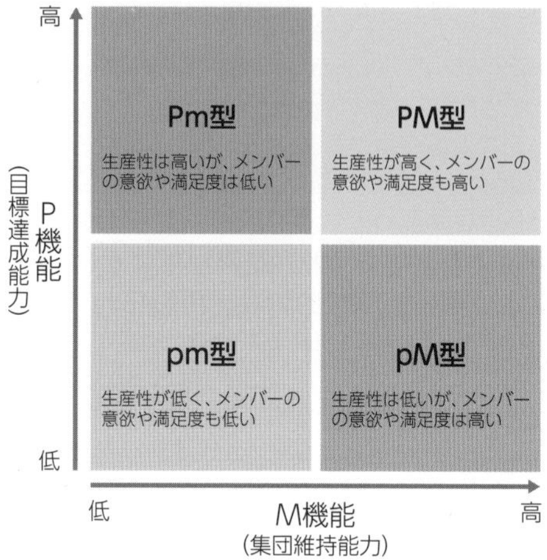

ＰＤＣＡサイクル

ＰＤＣＡサイクルは、生産過程の改善を目的とする管理手法であり、すべての業務における管理の基本として活用することが可能であるとされており、サービスの品質管理においても活用することができる。

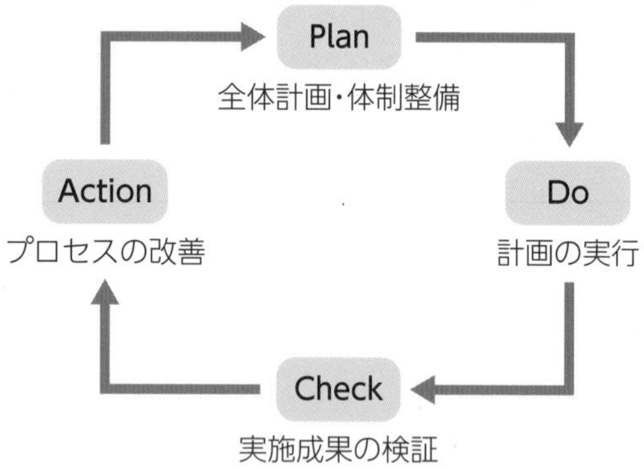

職場研修の種類

OJT (On-the-Job Training)	職場内で、具体的な仕事を通じて、仕事に必要な知識・技術・技能・態度などを指導教育するもの。エルダー制度の呼称
Off-JT (Off-the-Job Training)	職場を離れて、業務の遂行の過程外で行われる研修のこと
SDS (Self Development System)	職場内外での職員の自主的な自己啓発活動を職場として認知し、時間面・経済面での援助や施設の提供などを行うもの。自己啓発援助制度の略

スーパービジョン

□スーパービジョンの機能

支持的機能	課題を抱えているワーカーに対して受容と共感をもって支え、自己覚知を進めていくよう促す
教育的機能	スーパーバイザーがスーパーバイジーに専門職として必要な価値・知識・技術を伝えていく
管理的機能	スーパーバイジーが組織の一員として活躍し、組織の方針に沿って仕事ができるよう、職場環境を整えるなどの管理を行う

□スーパービジョンの種類

個人スーパービジョン	スーパーバイザーとスーパーバイジーの1対1で行われる
グループ・スーパービジョン	スーパーバイザー1対スーパーバイジー複数で行われる
ピア・スーパービジョン	仲間や同僚など、上下関係の発生しない関係性においてスーパービジョンを行う
ライブ・スーパービジョン	実際の面接などの場面において、スーパーバイザーが“いま、ここで”の状況でスーパーバイジーに指導や援助を行う
セルフ・スーパービジョン	スーパーバイジーが自分自身で行う

一問一答 ＋穴埋めドリル！

1 人間関係と心理

Q 001 □□
自分自身のものの見方や考え方について、客観的な視点から理解しようとすることを、〔　　　　　〕という。

Q 002 □□
介護福祉職と利用者のような、援助をする人と援助を受ける人の間に形成される信頼関係を、〔　　　　　〕という。

Q 003 □□
お互いのことを知り、良好な人間関係や信頼関係を築いていくために行う行為を、〔　　　　　〕という。

Q 004 □□
ジョハリの窓とは、自分や他人の知っている部分と知らない部分を組み合わせて〔　〕つに区分したものをいう。

Q 005 □□
自己開示は、ジョハリの窓の「〔　　　〕部分」を広くするために行う。

Q 006 □□
トラブルの原因に働きかけて解決しようとする。これは、〔　　〕焦点型コーピングである。

Q 007 □□
運動して身体を動かしストレスを発散する。これは、〔　　〕焦点型コーピングである。

A 001
自己覚知

自己覚知とは、自分自身の感情や行動傾向を自分自身で理解することをいう。自己覚知のためには、自分の感情の動きとその背景を洞察することが大切である。自己覚知により、先入観をもたずに相手に接していくことができるようになる。

A 002
ラポール

ラポールとは、信頼関係のことで、対人援助における人間関係の基礎になる。ラポール形成の初期段階においては、利用者は慣れない環境で混乱しやすい状況にあるため、利用者の感情に関心をもつことで、受け入れられているという感覚をもたらし、安心感につなげ、信頼関係を築いていくようにする。

A 003
自己開示

自己開示は、自分の所属や役割などを説明することによって、相手に安心感を与えるなど、良好な人間関係を築くために行うものである。

A 004
4

ジョハリの窓は、自分や他人の知っている部分と知らない部分を組み合わせて、①開放部分、②盲点部分、③隠蔽部分、④未知部分の４つに区分されている。

A 005
開放

自己開示は、ジョハリの窓における「開放部分」を広げるために行うものである。

A 006
問題

問題焦点型コーピングとは、ストレッサー（ストレスの原因）となっている状況を変えていこうとする方法をいう。

A 007
情動

情動焦点型コーピングとは、ストレッサーによってもたされる情動をコントロールしていく方法をいう。

2 コミュニケーションの技法

Q 008
□□
利用者の話を聞くときに、利用者をありのままに受け入れることを、〔　　〕という。

Q 009
□□
傾聴では、利用者の訴えに対し、笑顔やうなずきなどを交えながら耳を傾け、利用者が抱いている〔　　〕を推察する。

Q 010
□□
利用者の感情をその人の立場になって理解して関わることを、〔　　〕という。

Q 011
□□
対人距離には、物理的距離と心理的距離（〔　　　　　〕スペース）がある。

Q 012
□□
利用者との関係をつくる座り方として、横長のテーブルなどに向かって、介護福祉職と利用者が横並びに座る方法を、〔　　〕法という。

Q 013
□□
利用者との関係性をつくる座り方として、対面法よりも〔　　〕法の方が有効である。

Q 014
□□
〔　　〕法で座る場合、視線を向けることのできる花瓶などを机の上に置くとよい。

Q 015
□□
表情、身ぶり・手ぶり、姿勢、視線、声の大きさなどで感情を表すコミュニケーショ方法を、〔　　　〕的コミュニケーションという。

Q 016
□□
言葉そのものではなく、声の強弱や大きさ、高さ、話す速さ、間合いのとり方など、言葉に付随するものを、〔　　　〕という。

A 008
受容

利用者の話を聞くときは、利用者の言動には、何かしらの理由があると考え、批判を加えずに受け入れる受容の姿勢から始める。

A 009
感情

傾聴では、適度にあいづちやうなずきをはさむことによって、利用者が「聴いてくれている」と感じられるようにする。

A 010
共感

共感とは、利用者の気持ちに心を寄せて、その感情を共有し、理解するように努めることをいう。

A 011
パーソナル

物理的距離（実際の距離）と心理的距離（心の距離）は密接に関係し、物理的距離が近くなると、心理的距離も近くなる。

A 012
並列

並列法は、お互いの視線が交わらないため、長時間の面談に適している。

A 013
直角

利用者との関係性をつくる座り方として、対面法よりも直角法の方が有効である。

A 014
対面

利用者の目を見て話を聴くことが基本であるが、利用者の目を凝視すると利用者がコミュニケーションを図りにくくなってしまうため、視線を向けることのできる花瓶などを机の上に置くとよい。

A 015
非言語

コミュニケーションの種類は、言葉を用いた、会話、文字、手話、点字などによる言語的コミュニケーションと、言葉を用いない、表情、身ぶり・手ぶり、姿勢、視線、声の大きさなどで感情を表す非言語的コミュニケーションに大別される。

A 016
準言語

視覚障害者は、相手の表情やしぐさを見ながらコミュニケーションをとることが難しいため、準言語を活用することが重要である。

3 リーダーシップ

Q 017 □□

三隅《みすみ》二不二《じゅうじ》のリーダーシップのＰＭ理論では、目標達成能力をリーダーシップの〔　〕行動という。

Q 018 □□

三隅二不二のPM理論においては、目標達成と集団の維持のどちらにも力を発揮する理想的なリーダーは、〔　　〕型となる。

---

4 職場研修

Q 019 □□

先輩職員が移乗の介護に同行して指導する。これは、職場研修の〔　　　〕に該当する。

Q 020 □□

移乗の介護がうまくできない介護福祉職に、外部研修の受講を提案する。これは、職場研修の〔　　　　　　〕に該当する。

Q 021 □□

移乗の介護がうまくできない介護福祉職に、専門書の購入を勧める。これは、職場研修の〔　　　〕に該当する。

---

5 スーパービジョン

Q 022 □□

スーパービジョンの目的は、クライエントへの支援やサービスの質を向上させるための〔　　　〕育成である。

Q 023 □□

スーパーバイジーが適切に業務を行うよう目配りすることは、スーパービジョンの〔　　〕的機能である。

A 017 P

三隅二不二のリーダーシップのＰＭ理論では、目標達成能力（パフォーマンス）をリーダーシップのＰ行動という。また、リーダーシップのＭ行動は、集団維持能力（メンテナンス）を指す。

A 018 PM

目標達成に対する指向は強いが、集団の維持には向かないリーダーは、Pm型、集団の維持に関しては力を発揮するが、目標達成には消極的なリーダーは、pM型、目標達成と集団の維持のどちらも劣るリーダー失格タイプは、pm型となる。

A 019 OJT

OJT（On-the-Job Training）は、職場内で、具体的な仕事を通じて、仕事に必要な知識・技術・技能・態度などを指導教育するものである。

A 020 Off-JT

Off-JT（Off-the-Job Training）は、職場を離れて、業務の遂行の過程外で行われる研修のことをいう。

A 021 SDS

SDS（Self Development System）は、職場内外での職員の自主的な自己啓発活動を職場として認知し、時間面・経済面での援助や施設の提供などを行うものである。

A 022 専門職

スーパービジョンの目的は、熟練した援助者（スーパーバイザー）が、経験が少なく未熟な援助者（スーパーバイジー）に対する支持的な関わりや教育・訓練などを行うことで、クライエントに対するより良い援助を提供することにある。

A 023 管理

スーパービジョンの管理的機能は、職場や組織の業務に関する管理的な機能であり、人員配置や職場環境の整備、組織改革も含まれる。

Q 024 □□ スーパーバイジーが実践するために必要な知識や技術を高める機能は、スーパービジョンの〔　　〕的機能である。

Q 025 □□ ストレスに対応するようスーパーバイジーの精神面を支える機能は、スーパービジョンの〔　　〕的機能である。

Q 026 □□ 1人のスーパーバイザーと1人のスーパーバイジーの計2人のグループで行うスーパービジョンを、〔　　〕スーパービジョンという。

Q 027 □□ 1人のスーパーバイザーが複数のスーパーバイジーに対して行うスーパービジョンを、〔　　　　〕・スーパービジョンという。

Q 028 □□ スーパーバイザーを置かずにスーパーバイジーが集団で事例研究や課題検討などを行うスーパービジョンを、〔　　〕・スーパービジョンという。

Q 029 □□ 自分自身で行うスーパービジョンを、〔　　　〕・スーパービジョンという。

Q 030 □□ 実際の援助を目の前で展開することを通して行われるスーパービジョンを、〔　　　〕・スーパービジョンという。

A 024
教育

スーパービジョンの教育的機能は、実践に必要な知識や技術を教育し、専門職として成長させる機能である。「スーパーバイザーの援助場面に同席させる」「事例を一緒に振り返る」などにより、専門職としての成長を促す。

A 025
支持

スーパービジョンの支持的機能は、ストレスに対応するようスーパーバイジーの精神面を支える機能である。

A 026
個人

1人のスーパーバイザーと1人のスーパーバイジーの関係で行うスーパービジョンは、個人スーパービジョンである。

A 027
グループ

グループ・スーパービジョンは、1人のスーパーバイザーが複数のスーパーバイジーに対し、スーパーバイジー同士の相互作用に着目しながら行うものである。

A 028
ピア

ピア・スーパービジョンは、ピア（仲間）や同僚同士で実施するもので、スーパーバイザーが不在の場合など、代替的に行う。

A 029
セルフ

セルフ・スーパービジョンは、ワーカー（スーパーバイジー）が自分自身で行うもので、直面した困難な援助事例などについて、自らが客観的に振り返るときに行う。

A 030
ライブ

ライブ・スーパービジョンは、実際の面接場面にスーパーバイザーが同席して行うものである。

3

社会の理解

ココ!確認 ポイント・チェック!

社会福祉の理念

リハビリテーション	その人が再び人間らしく生きることのできる「全人間的復権」を目標とした考え方
ナショナルミニマム	国が社会保障その他の公共政策によって国民に保障する最低生活水準
ウェルビーイング	個人の権利や自己実現が保障され、身体的、精神的、社会的に良好な状態にあることを意味する概念
ジェンダー	社会的・文化的につくられた性差
ソーシャルアクション	地域が抱える問題の解決に向け、当事者や地域住民が自らを組織化し、必要に応じて専門家の助言や協力を得て、行政機関などに働きかけを行う組織活動
ソーシャルサポート・ネットワーク	フォーマルおよびインフォーマルなネットワークを統合して援助活動を展開していく技術と理論
ソーシャルインクルージョン	すべての人々を孤独、孤立、排除などから援護し、健康で文化的な生活の実現につなげるよう、社会の構成員として包み支え合うという概念

家族の概念

定位家族	自分が子どもとして生まれ、育てられた家族
創設家族(生殖家族)	自分の意思で配偶者を選び、新しく形成した家族
核家族	「夫婦のみ」または「夫婦と未婚の子」「ひとり親と未婚の子」で構成される家族形態。家族の基礎的な単位
拡大家族	親と、結婚した子どもの家族が同居するなど、核家族が複数含まれる家族形態
修正拡大家族	親世代と子ども世代が同居していなくても、近居して訪問しあうなど、経済的・心理的に同居に近い関係を結んでいる家族

家族の機能

生命維持**機能**	個人の生存に関わる食欲や性欲の充足、安全を求める機能
生活維持**機能**	衣食住などの生活水準を維持しようとする機能
パーソナリティ**機能**	・安定化機能…家族だけが共有するくつろぎの機能 ・形成機能…子育てにより子どもを社会化する機能
ケア**機能**	介護が必要な構成員を家族で支える機能

地域社会のとらえ方

限界集落	過疎化や高齢化により、65歳以上人口が総人口の約5割以上を占めたことで、共同体機能の維持が困難になっている集落
都市化	農村部よりも都市部の人口が増加すること
過剰都市化現象	都市部の人口増加の程度が予想を大きく上回ること
コンパクトシティ	都市の郊外化を抑え、徒歩で生活できる生活圏を保持する街づくりを目指す考え方

民生委員のポイント

・都道府県知事の推薦により、厚生労働大臣が委嘱する
・任期は3年であるが、補欠の民生委員の任期は前任者の残任期間となる
・行政の協力機関と位置づけられている
・市町村長、福祉事務所長、社会福祉主事の事務の執行に協力する
・民生委員は、職務遂行上、個人の人格を尊重し、その身上に関する秘密を守り、人種、信条、性別、社会的身分、門地によって、差別的または優先的な取扱をしてはならない
・児童委員を兼務する
・民生委員の指導訓練は、都道府県知事が実施する

主な基礎年金の種類

老齢基礎年金	受給資格期間（保険料納付済〈免除〉期間等）が10年以上ある人が、65歳に達したときに支給される年金。納付状況によって年金額は異なる
障害基礎年金	障害の原因となった傷病の初診日に、国民年金の被保険者である人に支給される年金
遺族基礎年金	被保険者が死亡した場合に、被保険者の子どもや、子をもつ配偶者に支給される年金

社会福祉法人の特徴

機関の設置	・評議員、評議員会、理事、理事会、監事を置かなければならない ・定款の定めによって、会計監査人を置くことができる※特定社会福祉法人については必置
役員	・役員として、理事は 6 人以上、監事は 2 人以上でなければならない ・役員の任期は、選任後 2 年以内に終了する会計年度のうち最終のものに関する定時評議員会の終結の時までを基本としている
評議員	・評議員は、社会福祉法人の適正な運営に必要な識見を有する者のうちから、定款の定めるところによって選任する ・任期は、選任後 4 年以内に終了する会計年度のうち最終のものに関する定時評議員会の終結の時までを基本とする
会計監査人の資格等	・公認会計士または監査法人でなければならない ・会計監査人に選任された監査法人は、その社員の中から会計監査人の職務を行うべき者を選定し、これを社会福祉法人に通知しなければならない

健康保険と国民健康保険、後期高齢者医療制度

分類	保険者	被保険者
健康保険	健康保険組合	主に大企業で働く被用者
	全国健康保険協会	主に中小企業で働く被用者
国民健康保険	国民健康保険	都道府県、市町村都道府県の区域内に住所を有する自営業者など
	国民健康保険組合	医師や弁護士など、同種同業の従事者で組織される組合の組合員
後期高齢者医療制度	後期高齢者医療広域連合	❶75歳以上の者 ❷65歳以上75歳未満で後期高齢者医療広域連合の障害認定を受けた者 ※生活保護世帯に属する人などは適用除外

医療保険の自己負担割合

義務教育就学前	2 割
義務教育就学後～69歳	3 割
70～74歳	2 割（現役並み所得者は 3 割）
75歳以上	1 割（一定以上所得者は 2 割、現役並み所得者は 3 割）

介護保険の特性

特徴	・市町村（特別区を含む）を保険者、市町村の住民を被保険者とする地域保険 ・保険給付が加入期間に関係なく支給される短期保険 ・被保険者資格の要件を満たした場合、自動的に被保険者となる強制適用の仕組みを採用	
被保険者	第１号被保険者	市町村の区域内に住所を有する65歳以上の者
	第２号被保険者	市町村の区域内に住所を有する40歳以上65歳未満の医療保険加入者
保険給付	介護給付、予防給付、市町村特別給付の３種類	
費用負担	保険給付の１割を自己負担（一定以上の所得がある場合は２割、そのうち特に所得の高い者は３割）。ただし、ケアプランに係る費用については、全額保険給付（居宅介護サービス計画費など）から支給されるものもある	

介護保険の保険料の徴収方法

項目	第１号被保険者	第２号被保険者
保険料の徴収者	市町村	医療保険の保険者
徴収方法	年金が年額18万円以上の場合は特別徴収（年金からの天引き）。それ以外の場合は普通徴収	医療保険料と合わせて徴収

要介護認定の概要

要介護認定の対象者	・要介護状態にある第１号被保険者 ・特定疾病を原因として要介護状態になった第２号被保険者
要介護状態の定義	身体上または精神上の障害があるため、入浴、排泄、食事などの日常生活における基本的な動作の全部または一部について、６か月にわたり継続して、常時介護を要すると見込まれる状態
要介護認定の区分	介護の必要度に応じて、要介護１～５のいずれかに認定

地域支援事業の構成

- 総合事業
  - 介護予防・生活支援サービス事業（第１号事業）
    - 第１号訪問事業
    - 第１号通所事業
    - 第１号生活支援事業
    - 第１号介護予防支援事業
  - 一般介護予防事業
    - 介護予防把握事業
    - 介護予防普及啓発事業
    - 地域介護予防活動支援事業
    - 一般介護予防事業評価事業
    - 地域リハビリテーション活動支援事業
- 必須事業（包括的支援事業）
  - 総合相談支援事業
  - 権利擁護事業
  - 包括的・継続的ケアマネジメント支援事業
  - 認知症総合支援事業
  - 在宅医療・介護連携推進事業
  - 生活支援体制整備事業
  - 介護情報の収集・提供等に係る事業

※地域ケア会議推進事業は、法律上は包括的支援事業の位置づけではないが、「地域支援事業実施要綱」においては、包括的支援事業として事業を実施するとされている

- 任意事業
  - 介護給付等費用適正化事業
  - 家族介護支援事業
  - その他の事業

地域ケア会議の特徴

概要	地域包括ケアシステムの実現に向けた手法であり、高齢者個人に対する支援の充実と、それを支える社会基盤の整備とを同時に進める役割を担う
設置主体	❶市町村　❷地域包括支援センター ※市町村に対しては設置の努力義務が課せられている
構成員	❶介護支援専門員　❷民生委員 ❸保健医療・福祉に関する専門的知識を有する者　など
機能	❶個別課題解決機能 ❷ネットワーク構築機能 ❸地域課題発見機能 ❹地域づくり・資源開発機能 ❺政策形成機能

障害者総合支援法に基づく相談支援サービスの仕組み

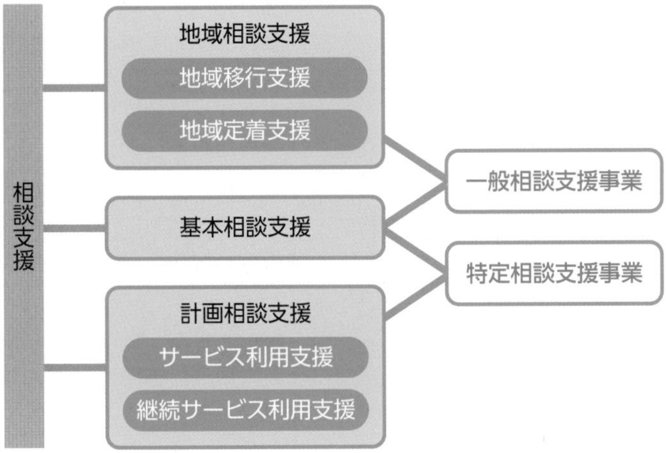

「障害者差別解消法」の示す「差別」の範囲

❶障害を理由とした、不当な差別的取り扱いをすること。行政機関・事業者いずれにも、その禁止が義務づけられている。
❷合理的配慮を行わないこと（障害者の性別、年齢、障害の状態に応じた、事物や制度の変更・調整などを行わないこと）。行政機関には、合理的配慮の提供が義務づけられている（事業者は努力義務）。

保護の種類・給付方法・範囲

種類	給付方法	主な範囲
生活扶助	金銭給付	衣食その他日常生活の需要を満たすために必要なもの、移送
教育扶助	金銭給付	義務教育に伴って必要な教科書や通学用品
住宅扶助	金銭給付	住居、補修
医療扶助	現物給付	診察、薬剤または治療材料、医学的処置
介護扶助	現物給付	居宅介護、福祉用具、住宅改修、施設介護、介護予防、介護予防福祉用具、介護予防住宅改修、介護予防・日常生活支援、移送
出産扶助	金銭給付	分べんの介助、分べん前後の処置、脱脂綿・ガーゼその他の衛生材料
生業扶助	金銭給付	生業に必要な資金・器具または資料・技能の修得
葬祭扶助	金銭給付	検案、死体の運搬、火葬または埋葬

※給付方法は原則

「生活困窮者自立支援法」に基づく事業

必須事業	自立相談支援事業	就労の支援等の問題についての相談に応じ、必要な情報提供、助言、関係機関との連絡調整のほか、認定生活困窮者就労訓練事業の利用のあっせんを行う。自立相談支援機関には、主任相談支援員、相談員、就労支援員が配置されることが基本
	住居確保給付金	離職により住居を失った、または失うおそれが高い生活困窮者に、安定した住居の確保と就労自立を図るため、有期で家賃相当額の住居確保給付金を支給
努力義務	就労準備支援事業	一般就労に従事する準備としての基礎能力の形成を、計画的かつ一貫して支援する事業。6か月～1年程度、プログラムに沿った支援や就労の機会の提供を行う
	家計改善支援事業	生活困窮者に対し、収入や支出などの状況を適切に把握し、家計改善の意欲を高めるよう支援するほか、生活に必要な資金の貸付けのあっせんを行う
任意事業	一時生活支援事業	住居をもたない生活困窮者に対して、一定期間（原則として3か月以内）、宿泊場所や衣食の提供などを行う事業
	子どもの学習・生活支援事業	生活保護受給世帯を含む生活困窮世帯の子どもに対する学習支援や居場所づくり、養育に関する保護者への助言などを行う

虐待防止三法（高齢者、障害者、児童）

□ 3種虐待防止法で定める虐待の類型

	高齢者虐待	障害者虐待	児童虐待
身体的虐待	○	○	○
性的虐待	○	○	○
心理的虐待	○	○	○
ネグレクト	○	○	○
経済的虐待	○	○	×

□虐待の類型

身体的虐待	当事者の身体に外傷が生じる、または生じるおそれのある暴行を加えること
性的虐待	当事者にわいせつな行為をすること、またはわいせつな行為をさせること
心理的虐待	著しい暴言や著しく拒絶的な対応など、当事者に著しい心理的外傷を与える言動を行うこと
ネグレクト	著しい減食、長時間の放置など、養護や監護を著しく怠ること
経済的虐待	当事者の財産を不当に処分すること、その他当時者から不当に財産上の利益を得ること

法定後見の類型

後見人	判断能力を欠く者（常に自分で判断して法律行為を行えない程度）に対して選任されるものであり、本人の財産に関するすべての法律行為について代理権や取消権を有する
保佐人	判断能力が特に不十分な者（法律で定められた重要な事項への援助を要する程度）に対して選任されるものであり、同意権や取消権を有するほか、特定の法律行為に関して代理権を有することも可能である
補助人	判断能力が不十分な者（難しい事柄に対して援助を要する程度）に対して選任されるものであり、当事者が申立てたものについて同意権や取消権を有することができるほか、当事者が申立てた特定の法律行為について代理権を有することも可能である

日常生活自立支援事業の実施主体やサービスの範囲

実施主体	都道府県社会福祉協議会と指定都市社会福祉協議会。一部の事業は市町村社会福祉協議会などに委託できる
関わる職員	・専門員…利用者との相談や契約、支援計画の作成を担う ・生活支援員…支援計画に基づき実際のサービス提供を担う
サービスの範囲	日常的な生活援助の範囲に限られる。具体的には、福祉サービス利用手続きの代行、日常の金銭管理、書類等の預かりなど

一問一答 ＋穴埋めドリル！

1 社会福祉の理念

Q 001
□□
リハビリテーションは、〔　　　〕的復権を目標とした考え方である。

Q 002
□□
国が社会保障その他の公共政策によって国民に保障する最低生活水準を、ナショナル〔　　　〕という。

Q 003
□□
ナショナルミニマムは、〔　　　〕夫妻が提唱した理念である。

Q 004
□□
〔　　　　　〕とは、良好な状態や幸福などと訳され、個人の権利や自己実現が保障され、身体的、精神的、社会的に良好な状態にあることを意味する概念である。

Q 005
□□
人が生活を送るうえで問題となる、あらゆる障壁がすべて取り除かれた社会のことを、〔　　　　〕社会という。

Q 006
□□
介護を必要とする高齢者を社会全体で支えていく考え方を、介護の〔　　　〕という。

Q 007
□□
ソーシャル・〔　　　　　〕とは、すべての人々を孤独、孤立、排除などから援護し、健康で文化的な生活の実現につなげるよう、社会の構成員として包み支え合うという概念である。

Q 008
□□
フォーマルおよびインフォーマルなネットワークを統合して援助活動を展開していく技術と議論を、ソーシャル〔　　　　　〕という。

A 001 全人間

リハビリテーションとは、その人が再び人間らしく生きることのできる「全人間的復権」を目標とした考え方をいう。

A 002 ミニマム

ナショナルミニマムの理念は、今日では所得保障だけではなく、教育、住宅や環境なども含めて考えられている。

A 003 ウェッブ

ナショナルミニマムは、20世紀初頭に、イギリスのウェッブ夫妻によって提唱された理念である。

A 004 ウェルビーイング

良好な状態や幸福などと訳され、個人の権利や自己実現が保障され、身体的、精神的、社会的に良好な状態にあることを意味する概念は、ウェルビーイングである。

A 005 バリアフリー

バリアフリー社会とは、人が生活を送るうえで問題となる、あらゆる障壁（バリア）がすべて取り除かれた社会のことをいう。

A 006 社会化

介護の社会化とは、従来の個々の家族の努力によってではなく、介護を必要とする高齢者を社会全体で支えていく考え方をいう。この考え方を具現化した施策が介護保険制度である。

A 007 インクルージョン

すべての人々を孤独、孤立、排除などから援護し、健康で文化的な生活の実現につなげるよう、社会の構成員として包み支え合うという概念は、ソーシャル・インクルージョン（社会的包摂）である。

A 008 サポートネットワーク

専門職や専門機関などからなるネットワーク（フォーマルなネットワーク）と、近隣住民、友人、ボランティアなどからなるネットワーク（インフォーマルなネットワーク）の双方が結合して、援助活動を実践していくことをソーシャルサポートネットワークという。

2 地域社会のとらえ方

Q 009 □□ 非営利組織のことを指す、営利を目的とせず、社会貢献活動に携わる民間の団体を、〔　　　〕法人という。

Q 010 □□ NPO法人は、〔　　　　　　　　　〕法に基づいて設置される。

Q 011 □□ NPO法人では、〔　　　　　　　　　　　　〕を図る活動が最も多い。

Q 012 □□ 地域包括ケアシステムにおける〔　　〕とは、家族、友人、近隣住民による助け合いといったインフォーマルな相互扶助をいう。

Q 013 □□ 地域包括ケアシステムにおける〔　　〕とは、必要な生活保障を行う社会福祉などをいう。

Q 014 □□ 人と人、人と社会とがつながり、一人ひとりが生きがいや役割をもち、助け合いながら暮らしていくことのできる、包摂的なコミュニティ、地域や社会を創るという考え方を、〔　　　　　　〕という。

Q 015 □□ 都市の郊外化を抑え、徒歩で生活できる生活圏を保持する街づくりを目指した考え方を、〔　　　　　　　　〕という。

Q 016 □□ 限界集落とは、過疎化や高齢化によって、65歳以上人口が総人口の約〔　〕割以上を占めた集落をいう。

A 009 NPO

NPO法人（特定非営利活動法人）とは、不特定かつ多数の者の利益のために活動する法人である。

A 010 特定非営利活動促進

特定非営利活動促進法は、1995（平成７）年に発生した阪神・淡路大震災をきっかけに、ボランティア団体の法人化の必要性が高まったことを受け、1998（平成10）年に制定された、ボランティア活動や市民活動の促進を目的とした法律である。

A 011 保健、医療又は福祉の増進

「保健、医療又は福祉の増進を図る活動」を行っているNPO法人は29,639法人（2023年９月30日現在）で、活動分野（全20分野）の中で最も多い。

A 012 互助

互助とは、家族などによる助け合いといったインフォーマルな相互扶助をいう。一方、自助とは、収入や生活、健康などについて、方法・手段を自分で選択し、維持することをいう。

A 013 公助

公助とは、必要な生活保障を行う社会福祉などをいう、自助、互助、共助で対応できないものについて対応する。一方、共助とは、社会保険や介護サービスのように制度化された相互扶助をいう。

A 014 地域共生社会

問題の内容は、2016（平成28）年に閣議決定された「ニッポン一億総活躍プラン」で示された地域共生社会の理念である。

A 015 コンパクトシティ

コンパクトシティとは、郊外への無秩序な拡大を抑制し、中心市街地の活性化を図り、生活に必要な機能を集約させる都市のことをいう。

A 016 5

限界集落とは、過疎化や高齢化により、65歳以上人口が総人口の約５割以上を占めたことで、共同体機能の維持が困難になっている集落をいう。

3 民生委員

Q 017 □□ 民生委員は、〔　　　　　　　　〕の推薦によって厚生労働大臣から委嘱される。

Q 018 □□ 民生委員・児童委員の任期は、〔　〕年である。

Q 019 □□ 民生委員は、行政の〔　　〕機関に位置づけられている。

Q 020 □□ 民生委員は、その職務を遂行するに当たり、個人の人格を尊重し、その身上に関する秘密を守るほか、差別的または〔　　〕的な取扱いをしてはならないとしている。

Q 021 □□ 民生委員は、社会福祉主事の事務の〔　　〕に協力する必要がある。

4 社会福祉法

Q 022 □□ 1990年代後半から2000年代前半にかけて行われた一連の社会福祉基礎構造改革において、〔　　　　　　　〕法が社会福祉法に改正された。

Q 023 □□ 社会福祉法に基づく、都道府県や市町村において地域福祉の推進を図ることを目的とする団体は、〔　　　　　　　　　〕である。

Q 024 □□ 2020（令和２）年の社会福祉法等の改正によって、社会福祉法人やNPO法人等、相互の業務連携を推進するための法人である〔　　　　　　　　　　〕法人制度が創設された。

A 017
都道府県知事

民生委員は、都道府県知事の推薦により、厚生労働大臣が委嘱する。

A 018
3

民生委員・児童委員の任期は3年であり、補欠の民生委員の任期は前任者の残任期間となる。

A 019
協力

民生委員は、生活保護法や身体障害者福祉法など各法において、行政の協力機関と位置づけられている。

A 020
優先

民生委員は、職務遂行上、個人の人格を尊重し、その身上に関する秘密を守り、人種、信条、性別、社会的身分、門地によって、差別的または優先的な取扱いをすることなく、かつ、その処理は、実情に即して合理的にこれを行わなければならない。

A 021
執行

民生委員は、市町村長、福祉事務所長、社会福祉主事の事務の執行に協力するものとしている。

A 022
社会福祉事業

2000（平成12）年に社会福祉事業から社会福祉法への改称、改正が行われた。

A 023
社会福祉協議会

社会福祉協議会は、社会福祉法に基づき、都道府県や市区町村に設置されている社会福祉法人である。社会福祉を目的とする事業の企画・実施などを通じて、地域福祉の推進を図っている。

A 024
社会福祉連携推進

2020（令和２）年の社会福祉法等の改正によって、社会福祉事業に取り組む社会福祉法人やNPO法人等を社員として、相互の業務連携を推進するための法人である社会福祉連携推進法人制度が創設された。

Q 025 □□ 2020（令和２年）の社会福祉法等の改正によって、医療・介護の〔　　〕基盤の整備の推進が図られることとなった。

Q 026 □□ 市町村は、市町村地域福祉計画を変更する場合、その計画内容を〔　　〕するよう努める。

Q 027 □□ 都道府県は、定期的に策定した都道府県地域福祉支援計画について、調査、分析、〔　　〕を行うよう努める。

Q 028 □□ 社会福祉を目的とする事業に従事する者の確保または資質の向上に関する事項は、〔　　　　　　　　〕計画に定められる事項である。

Q 029 □□ 共同募金は、〔　　　　〕の区域を単位として募集される。

Q 030 □□ 共同募金を行う事業は、第〔　〕種社会福祉事業である。

Q 031 □□ 第一種社会福祉事業の経営主体は、原則として国、地方公共団体、〔　　　　　〕に限られる。

Q 032 □□ 社会福祉法人は、その経営する社会福祉事業に支障がない限り、公益事業と〔　　〕事業を行うことができる。

Q 033 □□ 社会福祉法人は、〔　　　〕、評議員会、理事、理事会、監事を置かなければならない。

A 025 データ

2020（令和２年）の社会福祉法等の改正によって、医療・介護のデータ基盤の整備の推進として、国は、介護保険レセプト等情報や要介護認定情報に加え、新たに高齢者の**心身**の状況や**介護サービス**の内容に関する情報、**地域支援事業**の実施状況および利用者に関する情報の提供などを求められることが追加された。

A 026 公表

市町村は、市町村地域福祉計画を**策定**した場合や**変更**した場合、あらかじめ**地域住民**等の意見を反映させるよう努めるとともに、その内容を公表するよう努める。

A 027 評価

都道府県は、定期的に策定した都道府県地域福祉支援計画について、調査、分析、評価を行うよう努め、必要があると認める場合には、当該計画を**変更**するものとする。

A 028 都道府県地域福祉支援

都道府県地域福祉支援計画に定められる事項には、社会福祉を目的とする事業に従事する者の確保または**資質**の向上に関する事項や、市町村の地域福祉の推進を支援するための**基本的方針**に関する事項などがある。

A 029 都道府県

共同募金は**都道府県**の区域を単位として、毎年１回、**厚生労働大臣**の定める期間内に限ってあまねく行う寄附金の募集である。

A 030 ―

社会福祉事業は、第一種社会福祉事業と第**二**種社会福祉事業に大別される。共同募金を行う事業は、第一種社会福祉事業である。

A 031 社会福祉法人

第一種社会福祉事業の経営主体は、原則として**国**、**地方公共団体**、**社会福祉法人**に限られているが、第二種社会福祉事業の経営主体についての規定はない。

A 032 収益

公益事業および収益事業は、「社会福祉事業に対して従たる地位にある」ことが前提であるため、**年間事業費**や**規模**で社会福祉事業を超える事業運営はできない。

A 033 評議員

社会福祉法人設立当初の**評議員**と**役員**は、定款で定めなければならない。

Q 034 □□
社会福祉法人の理事は〔　〕人以上、監事は2人以上でなければならない。

5 年金保険

Q 035 □□
国民年金の被保険者にならなければならない者は、被用者でない場合、20歳以上〔　　〕歳未満の者である。

Q 036 □□
厚生年金保険の被保険者は、国民年金の第〔　〕号被保険者となる。

Q 037 □□
厚生年金の被保険者に扶養されている配偶者は、国民年金の第〔　〕号被保険者となる。

Q 038 □□
2017（平成29）年1月から、確定拠出年金の個人型の加入対象に国民年金第〔　〕号被保険者などが加わった。

Q 039 □□
確定拠出年金には、国民年金の第〔　〕号被保険者である自営業者も加入できる。

Q 040 □□
国民年金の第1号被保険者を対象とする独自の給付として、〔　　〕年金がある。

Q 041 □□
老齢基礎年金は、〔　〕年間保険料を納付すると、満額の支給が受けられる。

Q 042 □□
18歳未満の子がいる障害基礎年金受給者には、子の〔　　〕に応じた加算がある。

A 034 社会福祉法人の理事は6人以上、監事は2人以上でなければならない。
6

A 035 国民年金の被保険者になることが義務づけられている者は、被用者でない（厚生年金の被保険者などではない）場合、原則として20歳以上60歳未満の者である。
60

A 036 厚生年金保険の被保険者は、国民年金の第2号被保険者となり、国民年金と厚生年金保険の両制度の被保険者となる。
2

A 037 厚生年金の被保険者（第2号被保険者）に扶養されている配偶者は、第3号被保険者として国民年金に加入する。
3

A 038 2017（平成29）年1月から、確定拠出年金の個人型の加入対象が拡大され、これまで対象外となっていた国民年金第3号被保険者のほか、60歳未満の企業年金加入者や公務員も、その対象に含まれることになった。
3

A 039 国民年金の第1号被保険者である自営業者は、国民年金基金連合会が実施する確定拠出年金の個人型年金に加入することができる。
1

A 040 国民年金の第1号被保険者を対象とする独自の給付として、月額400円の付加保険料を納めることで、老齢基礎年金を受給する際に、納付月数×200円分の付加年金を受給できる。
付加

A 041 老齢基礎年金は、40年間保険料を納付した場合に満額の支給が受けられる。
40

A 042 18歳到達年度の末日まで（障害者は20歳未満）にある子がいる場合には、子の人数に応じた加算が行われる。
人数

Q 043 □□ 遺族基礎年金は、死亡した国民年金の被保険者等によって生計を維持されていた、子のある〔　　　〕、または子に対して支給される。

6 介護保険法

Q 044 □□ 介護保険の保険者は、市町村および〔　　　〕である。

Q 045 □□ 市町村の区域内に住所を有する65歳以上の者は、介護保険の第〔　〕号被保険者となる。

Q 046 □□ 介護保険制度の保険給付の財源構成は、〔　　〕、第１号保険料、第２号保険料である。

Q 047 □□ 介護保険の第２号被保険者の保険料は、〔　　　　　〕が徴収する。

Q 048 □□ 2018（平成30）年施行の介護保険制度の改正によって、新しい介護保険施設として、〔　　　　　〕が創設された。

Q 049 □□ 2018（平成30）年施行の介護保険制度の改正によって、一定以上の所得のある利用者に対して〔　〕割負担が導入された。

Q 050 □□ 2023（令和５）年の介護保険制度改正において、介護サービス事業者に介護サービス事業者経営情報を〔　　　　　〕に報告する義務が課された。

A 043 配偶者

遺族基礎年金は、「子のある妻」または「子」に支給される規定だったが、2014（平成26）年４月より父子家庭も対象となった。

A 044 特別区

介護保険の保険者は、地域住民にとって最も身近な自治体である市町村および特別区（東京23区）とされている。

A 045 1

市町村の区域内に住所を有する65歳以上の者は、介護保険の第１号被保険者となる。一方、市町村の区域内に住所を有する40歳以上65歳未満の医療保険加入者は、介護保険の第２号被保険者となる。

A 046 公費

介護保険制度の保険給付の財源構成は、公費50％と保険料50％（第１号保険料、第２号保険料）である。

A 047 医療保険者

介護保険の第１号被保険者の保険料は、特別徴収や普通徴収の方法で市町村が徴収し、第２号被保険者の保険料は、医療保険者が医療保険料と合わせて徴収する。

A 048 介護医療院

2018（平成30）年施行の介護保険制度の改正によって、新しい介護保険施設として介護医療院が創設された。なお、介護医療院は、医療法上の医療提供施設の１つでもある。

A 049 3

2018（平成30）年施行の介護保険制度の改正によって、同年８月から、利用者負担が２割の第１号被保険者のうち、とくに所得が高いものについては３割を負担することになった。

A 050 都道府県知事

2023（令和５）年の介護保険制度改正において、介護サービス事業者に介護サービス事業者経営情報（収支や人件費などの経営情報）を都道府県知事に報告する義務、知事は情報の調査・分析を行い、その内容を公表するよう努めるものとされた。

Q 051 □□

2023（令和５）年の介護保険制度改正において、介護予防支援について、地域包括支援センターに加えて、〔　　　　　　〕も市町村からの指定を受けて実施することが可能とされた。

Q 052 □□

2023（令和５）年の介護保険制度改正において、包括的支援事業のうち、〔　　　　　　〕業務について、指定居宅介護支援事業者その他の厚生労働省令で定める者に委託することが可能とされた。

Q 053 □□

新規要介護認定の認定有効期間は、原則として〔　〕月間である。

Q 054 □□

要介護更新認定の認定有効期間は、原則〔　　〕か月である。

Q 055 □□

都道府県介護保険事業支援計画は、都道府県高齢者居住安定確保計画と〔　　〕が保たれたものでなければならない。

Q 056 □□

居宅介護支援事業者の指定は、〔　　　　〕が行うものである。

Q 057 □□

地域支援事業は、介護予防・日常生活支援総合事業と〔　　　　〕事業、任意事業から構成される。

Q 058 □□

介護予防・日常生活支援総合事業は、介護予防・生活支援サービス事業と〔　　　　　　〕事業に大別される。

Q 059 □□

市町村は、定期的に地域包括支援センターにおける事業の実施状況についての〔　　〕を行う。

A 051
居宅介護支援事業所

2023（令和５）年の介護保険制度改正において、指定介護予防支援事業者の対象が拡大され、従来は、地域包括支援センターの設置者だけだった指定申請を、指定居宅介護支援事業者もできるようになった。

A 052
総合相談支援

2023（令和５）年の介護保険制度改正において、包括的支援事業のうち、総合相談支援業務について、指定居宅介護支援事業者その他の厚生労働省令で定める者に委託することが可能とされた。

A 053
6

新規要介護認定の認定有効期間は、原則として６月間であり、市町村が必要と認める場合には３～12月間の範囲で変更することができる。

A 054
12

要介護更新認定の認定有効期間は、原則12か月であり、市町村が必要と認める場合には３～48か月の範囲で変更することができる。

A 055
調和

都道府県介護保険事業支援計画は、都道府県地域福祉支援計画や都道府県高齢者居住安定確保計画などと調和が保たれたものでなければならない。

A 056
市町村長

居宅介護支援事業者の指定は、2018（平成30）年４月から市町村長が行うことになった。

A 057
包括的支援

地域支援事業は、必須事業の介護予防・日常生活支援総合事業（総合事業）と包括的支援事業、任意事業から構成される。

A 058
一般介護予防

地域支援事業の介護予防・日常生活支援総合事業は、第１号訪問事業（訪問型サービス）などを含む介護予防・生活支援サービス事業と、地域リハビリテーション活動支援事業などを含む一般介護予防事業で構成される。

A 059
評価

市町村は、定期的に地域包括支援センターにおける事業の実施状況についての評価を行う。さらに、必要があると認める場合は、包括的支援事業の実施に係る方針の変更その他の必要な措置を講じなければならない。

Q 060 地域包括支援センターには、〔　　　〕、社会福祉士、主任介護支援専門員を配置しなければならない。
□□

Q 061 訪問介護事業所の〔　　　　　　　〕は、具体的な援助目標及び援助内容を記載した訪問介護計画書を作成する。
□□

Q 062 介護保険の〔　　　　〕の指定を受けた事業所であれば、基本的に障害福祉制度における居宅介護の指定を受けることができる。
□□

Q 063 特定施設入居者生活介護事業者は、身体的拘束等の適正化のための対策を検討する委員会を〔　〕月に1回以上開催する。
□□

Q 064 福祉用具専門相談員は、作成した福祉用具貸与計画を利用者と利用者担当の〔　　　　　　　〕に交付する。
□□

Q 065 福祉用具専門相談員は、利用者に対し、貸与しようとする商品の特徴や貸与価格だけでなく、その商品の〔　　　　〕貸与価格も説明する必要がある。
□□

Q 066 小規模多機能型居宅介護事業所の登録定員は、〔　　〕人以下にしなければならない。
□□

Q 067 看護小規模〔　　　　〕居宅介護は、看護と介護を一体的に提供する。
□□

Q 068 介護医療院の開設は、〔　　　　　　〕から許可を受けなければならない。
□□

A 060
保健師

地域包括支援センターには、保健師、社会福祉士、主任介護支援専門員を配置しなければならない。

A 061
サービス提供責任者

訪問介護事業所のサービス提供責任者は、訪問介護計画書の作成業務のほか、利用者の状態やサービスに対する意向の定期的な確認、訪問介護員の技術指導なども担当する。

A 062
訪問介護

介護保険の訪問介護の指定を受けた事業所であれば、障害福祉制度における共生型居宅介護や共生型重度訪問介護の指定を受けることができる。

A 063
3

特定施設入居者生活介護事業者は、身体的拘束等の適正化のための対策を検討する委員会を3月に1回以上開催するとともに、その結果について、介護職員その他の従業者に周知徹底を図ることになっている。

A 064
介護支援専門員

福祉用具専門相談員は、作成した福祉用具貸与計画を利用者だけでなく、利用者担当の介護支援専門員にも交付する。

A 065
全国平均

福祉用具専門相談員は、利用者に対し、貸与しようとする商品の特徴や貸与価格だけでなく、その商品の全国平均貸与価格も説明するほか、機能や価格帯の異なる複数の商品も提示する。

A 066
29

小規模多機能型居宅介護事業所の登録定員は、29人以下にしなければならない。

A 067
多機能型

看護小規模多機能型居宅介護は、訪問サービス、通いサービス、宿泊サービスを利用者の心身状態などに応じて組み合わせ、看護と介護を一体的に提供する。

A 068
都道府県知事

介護保険施設のうち、介護老人保健施設と介護医療院の開設にあたって、都道府県知事から許可を受けなければならない。

---

7 障害者総合支援法

Q 069 □□ 障害者総合支援法における「障害者」は、〔　　〕歳以上の者とされている。

Q 070 □□ 自立支援医療のうち、精神通院医療について支給認定を行うのは、〔　　　　〕および指定都市である。

Q 071 □□ 障害者総合支援法の介護給付を利用するときに、利用者が最初に市町村に行う手続きは、〔　　　　〕である。

Q 072 □□ 成年後見制度利用支援事業は、障害者総合支援法において〔　　〕事業とされている。

Q 073 □□ 介護給付費等に係る処分の審査請求事案を取り扱うのは、〔　　　　　　〕である。

Q 074 □□ 重度訪問介護の対象は、常時の介護を必要とする、重度の肢体不自由者・〔　　〕障害者・精神障害者である。

Q 075 □□ 居宅介護や重度訪問介護では、一定の研修を修了した介護職員が、医師の指示の下、喀痰吸引と〔　　　　〕を実施することができる。

Q 076 □□ 障害者総合支援法のサービスを利用するための障害支援区分を判定する組織を、〔　　　　　　〕という。

Q 077 □□ 障害福祉サービスの生活介護や自立訓練は、〔　　〕型サービスが認められている。

A 069
18

障害者総合支援法における「障害者」は、18歳以上の者とされている。

A 070
都道府県

都道府県および指定都市は、精神通院医療について支給認定を行う。

A 071
支給申請

障害者総合支援法の介護給付を利用する際は、まず市町村に支給申請を行う。その後、市町村の調査員などが利用者の心身の状況などに関する80項目のアセスメントを含む認定調査を行う。

A 072
必須

成年後見制度利用支援事業は、障害者総合支援法の地域生活支援事業では必須事業となっており、介護保険の地域支援事業では任意事業となっている。

A 073
都道府県知事

都道府県知事は、介護給付費等に係る処分の審査請求事案を取り扱うほか、条例で定めるところにより、審査請求事案を取り扱う障害者介護給付費等不服審査会を置くことができる。

A 074
知的

障害者総合支援制度に基づく重度訪問介護は、常時の介護を必要とする、重度の肢体不自由者・知的障害者・精神障害者を対象に、居宅における入浴・排泄・食事などの介護、調理・洗濯・掃除などの家事や、外出時における移動支援などを行う。

A 075
経管栄養

介護職員が医師の指示の下で実施することができるのは、喀痰吸引と経管栄養である。

A 076
市町村審査会

市町村審査会は、障害支援区分の判定を中立・公正な立場で専門的な観点から行う組織である。一次判定の結果と医師の意見書などに基づき、障害支援区分を判定する。

A 077
共生

障害福祉サービスの生活介護や自立訓練は、共生型サービスが認められており、介護保険法の通所介護や地域密着型通所介護、児童福祉法の児童発達支援と放課後等デイサービスの指定をうけやすくなっている。

---

8 障害者差別解消法

Q 078 □□ 障害者差別解消法は、〔　　　　　〕法の基本的な理念を具体的に実施するために制定された。

Q 079 □□ 事業者に対して、障害を理由とした〔　　〕な差別的取扱いを禁止している。

Q 080 □□ 国および地方公共団体は、障害者差別解消法の趣旨にのっとり、障害を理由とする差別の解消の推進に関して〔　　　〕を策定しなければならない。

Q 081 □□ 障害者差別解消法では、国民に対して、「障害を理由とする差別の解消の推進に〔　　〕するよう努めなければならない」という責務を課している。

Q 082 □□ 行政機関などは、障害者から社会的障壁の除去を必要とする旨の意思表示があった場合、その実施に伴う負担が過重でないときは、必要かつ〔　　　〕な配慮が求められる。

9 生活保護法

Q 083 □□ 生活保護で保障される最低限度の生活は、健康で〔　　　〕な生活水準を維持することができるものでなくてはならない。

Q 084 □□ 生活保護の基本原理の１つとして、〔　　　〕平等の原理がある。

Q 085 □□ 生活保護の４つの基本原則の１つとして、基準及び〔　　〕の原則がある。

A 078 障害者基本

障害者基本法の基本理念は、第１条において「全ての国民が、障害の有無にかかわらず、等しく基本的人権を享有するかけがえのない個人として尊重されるものである」と規定されている。

A 079 不当

事業者に対して、障害を理由とした不当な差別的取扱いを禁止するとともに、合理的配慮の提供義務を課している。

A 080 必要な施策

国および地方公共団体の責務として、障害者差別解消法の趣旨にのっとり、障害を理由とする差別の解消の推進に関して必要な施策を策定し、これを実施しなければならない。

A 081 寄与

障害者差別解消法では、障害を理由とする差別の解消に向けて、国民に対して努力義務を課している。

A 082 合理的

行政機関や事業者に対して、障害者から社会的障壁の除去を必要とする旨の意思表示があった場合、その実施に伴う負担が過重でないときは、社会的障壁の除去の実施について必要かつ合理的な配慮を求めている。

A 083 文化的

生活保護制度の基本原理の１つである最低生活保障の原理として、最低限度の生活は、健康で文化的な生活水準を維持できるものでなければならないとされている。

A 084 無差別

生活保護の基本原理には、国家責任による最低生活保障の原理、無差別平等の原理、健康で文化的な最低生活保障の原理、保護の補足性の原理がある。

A 085 程度

生活保護の４つの基本原則とは、基準及び程度の原則、申請保護の原則、必要即応の原則、世帯単位の原則をいう。

Q 086 □□ 〔　　　　〕の原則とは、その世帯の事情に応じ、必要、かつ迅速に行うことをいう。

Q 087 □□ 〔　　〕保護の原則とは、保護は、要保護者、扶養義務者、その他の同居の親族の〔　　〕に基づいて開始されることをいう。

Q 088 □□ 保護は、〔　　〕を単位として行われるが、特別の場合には個人を単位として行うこともできる。

Q 089 □□ 保護は、保護の〔　　　〕の原理に基づき、資産・能力等を活用した上で保護を行う。

Q 090 □□ 扶助の種類には、生活扶助のほか、教育扶助、住宅扶助、医療扶助、介護扶助、出産扶助、〔　　〕扶助、葬祭扶助がある。

Q 091 □□ 介護扶助は、〔　　〕給付が原則である。

Q 092 □□ 出産扶助は、〔　　〕給付が原則である。

Q 093 □□ 生業扶助は、〔　　〕給付が原則である。

Q 094 □□ 生活保護を担当する職員は、〔　　　　　　〕の資格が必要である。

A 086 必要即応

必要即応の原則とは、生活保護を機械的、画一的に運用するのではなく、保護を必要とする者の年齢、性別、健康状態など、その世帯の事情に応じ、必要、かつ迅速に行うことをいう。

A 087 申請

生活保護の基本原則の１つとして、申請保護の原則があるが、要保護者が急迫の場合には、保護の申請がなくとも保護を行うことができるとしている。

A 088 世帯

保護は、原則として、世帯を単位として行われるものであるが、特別の場合には個人を単位として行うことも認められている。

A 089 補足性

保護は、保護の補足性の原理に基づき、生活に困窮する者が、利用し得る資産・能力などを最低限度の生活の維持のために活用することを要件として行われる。そのため、介護保険法などは生活保護法よりも優先される。

A 090 生業

生活保護法による最低限度の生活の保障は、生活扶助、教育扶助、住宅扶助、医療扶助、介護扶助、出産扶助、生業扶助、葬祭扶助の８種類の扶助により実施されている。

A 091 現物

介護扶助は、要介護・要支援者に対して、介護保険法に基づくサービスを提供するために必要な扶助を指し、現物給付が原則である。

A 092 金銭

出産扶助は、分娩やその後の処置に必要な扶助を指し、金銭給付が原則である。

A 093 金銭

医療扶助や介護扶助の支給方法は、原則として現物給付であるのに対し、それ以外の扶助の支給方法は、原則として金銭給付となっている。

A 094 社会福祉主事

生活保護を担当する職員（現業員）は社会福祉主事の資格が必要である。

---

10 生活困窮者自立支援法

Q 095
□□
生活困窮者自立支援法は、生活困窮者に対する自立支援策を強化して、その自立の〔　　〕を図ることを目的としている。

Q 096
□□
生活困窮者自立支援法は、「第〔　〕のセーフティーネット」と位置づけられている。

Q 097
□□
生活困窮者自立支援法における生活困窮者とは、就労の状況、心身の状況、地域社会との関係性その他の事情により、現に経済的に困窮し、〔　　　　〕の生活を維持することができなくなるおそれのある者をいう。

Q 098
□□
生活困窮者自立相談支援事業は、必須事業と〔　　〕事業に大別される。

Q 099
□□
雇用による就業が著しく困難な生活困窮者に対し、就労に必要な知識及び能力の向上のために必要な訓練を行うのは、生活困窮者〔　　　　　　〕事業である。

Q 100
□□
生活困窮者住居確保給付金の支給期間は、原則〔　〕か月となっている。

Q 101
□□
生活困窮者一時生活支援事業の実施期間については、原則〔　〕か月間となっている。

A 095
促進

生活困窮者自立支援法は、生活困窮者自立相談支援事業の実施、生活困窮者住居確保給付金の支給など、生活困窮者に対する自立の支援に関する措置を講じることで、生活困窮者の自立の促進を図ることを目的としている。

A 096
2

生活困窮者自立支援法は、生活保護に至る前の段階からの自立支援策を強化するもので、「第2のセーフティネット」に位置づけられている。最終的な、「第3のセーフティネット」に位置づけられているのは、生活保護法である。なお、「第1のセーフティネット」は社会保険制度である。

A 097
最低限度

生活困窮者自立支援法における生活困窮者とは、就労の状況、心身の状況、地域社会との関係性その他の事情により、現に経済的に困窮し、最低限度の生活を維持することができなくなるおそれのある者をいう。

A 098
任意

生活困窮者自立相談支援事業には、必須事業と任意事業がある。なお、2018（平成30）年の法改正で、従来の任意事業のうち、実施が努力義務とされた事業がある。

A 099
就労準備支援

生活困窮者就労準備支援事業は、一般就労に従事する準備としての基礎能力の形成を、計画的かつ一貫して支援する事業である。6か月～1年程度、プログラムに沿った支援や就労の機会の提供を行う。

A 100
3

生活困窮者住居確保給付金の支給期間は、原則3か月となっており、就職活動を誠実に行っている場合は最大9か月まで延長できる。また、上限額は生活保護制度における住宅扶助基準に基づく金額となっている。

A 101
3

生活困窮者一時生活支援事業は、住居をもたない生活困窮者に対して、一定期間（原則として3か月以内、ただし、都道府県等が必要と認める場合、6か月間まで延長可能）、宿泊場所や衣食の提供などを行う事業である。

11 医療法

Q 102 □□ 介護老人保健施設は、医療法上の〔　　　　　〕施設である。

Q 103 □□ 病院は、〔　　〕床以上の病床を有している必要がある。

Q 104 □□ 特定機能病院は、〔　　　　　　　〕の承認を得て、高度医療、最先端医療を提供する病院である。

Q 105 □□ 地域医療支援病院と称するためには、〔　　　　　　　〕の承認が必要となる。

Q 106 □□ 地域医療支援病院の承認要件には、〔　　〕医療を提供する能力を有することが含まれる。

Q 107 □□ 都道府県は、医療計画を作成するにあたり、都道府県介護保険事業支援計画との〔　　　〕の確保を図らなければならない。

12 高齢者虐待防止法

Q 108 □□ 高齢者虐待防止法における高齢者虐待とは、養護者による高齢者虐待と、〔　　　　　　〕従事者等による高齢者虐待の2種類である。

A 102
医療提供

医療法上の医療提供施設は、「病院、診療所、介護老人保健施設、介護医療院、調剤を実施する薬局その他の医療を提供する施設」と定義されている。

A 103
20

病院とは、医師または歯科医師が、公衆または特定多数人のため医業または歯科医業を行う場所であって、20人以上の患者を入院させる施設を有するものをいう。

A 104
厚生労働大臣

特定機能病院は、厚生労働大臣の承認を得て、高度の医療を提供し、高度の医療技術の開発・評価を行い、また、高度の医療に関する研修を行う病院である。

A 105
都道府県知事

地域医療支援病院は、国、都道府県、市町村、要件を満たした社会医療法人などが都道府県知事の承認を得て称することができる。

A 106
救急

地域医療支援病院の承認要件として、救急医療を提供する能力を有すること、地域の医療従事者の資質の向上を図るための研修を行わせる能力を有することなどが含まれている。

A 107
整合性

都道府県は、医療計画を作成するにあたり、医療介護総合確保法に基づく都道府県計画および介護保険法に基づく都道府県介護保険事業支援計画との整合性の確保を図らなければならない。

A 108
養介護施設

養介護施設従事者等とは、養介護施設（老人福祉法による老人福祉施設・有料老人ホーム、介護保険法による介護老人福祉施設・介護老人保健施設・介護医療院・地域密着型介護老人福祉施設・地域包括支援センター）または養介護事業（老人福祉法による老人居宅生活支援事業、介護保険法による居宅サービス事業・地域密着型サービス事業・居宅介護支援事業・介護予防サービス事業・地域密着型介護予防サービス事業・介護予防支援事業）の業務に従事する者のことである。

Q 109 □□ 高齢者虐待防止法では、「高齢者」を〔　　〕歳以上の者と定義している。

Q 110 □□ 高齢者虐待防止法では、65歳未満でも養介護施設・養介護事業を利用する〔　　　　〕は、高齢者とみなすとしている。

Q 111 □□ 高齢者虐待防止法に基づく高齢者虐待の類型は、身体的虐待、心理的虐待、〔　　〕的虐待、介護等放棄、性的虐待の5つである。

Q 112 □□ 養介護施設従事者等による高齢者虐待の状況、養介護施設従事者等による高齢者虐待があった場合にとった措置などを毎年度公表するのは、〔　　　　　　〕である。

Q 113 □□ 介護福祉士は、高齢者虐待の〔　　　　〕に努めなければならない。

Q 114 □□ 虐待を発見した養介護施設従事者には、〔　　〕する義務がある。

Q 115 □□ 本人の希望する金銭の使用を理由なく制限することは、〔　　〕的虐待に該当する。

Q 116 □□ 高齢者の意欲や自立心を低下させる行為は、〔　　〕的虐待に該当する。

A 109
65

高齢者虐待防止法では、「高齢者」を65歳以上の者と定義している。

A 110
障害者

2011（平成23）年の障害者虐待防止法の制定に伴い、高齢者虐待防止法の一部が改正され、2012（平成24）年10月１日より、老人福祉法及び介護保険法に規定される養介護施設・養介護事業を利用する65歳未満の障害者も高齢者とみなされることになった。

A 111
経済

高齢者虐待防止法に基づく高齢者虐待の類型は、身体的虐待、心理的虐待、経済的虐待、介護等放棄、性的虐待の５つである。

A 112
都道府県知事

都道府県知事は、毎年度、養介護施設従事者等による高齢者虐待の状況、また高齢者虐待があった場合にとった措置などを公表する。

A 113
早期発見

医師、介護支援専門員、保健師、弁護士、介護福祉士など、高齢者の福祉に職務上関係のある者に対しては、高齢者虐待の早期発見に努めなければならないという努力義務が課せられている。

A 114
通報

養介護施設従事者等による虐待を発見した養介護施設従事者等は、高齢者の生命・身体に対する危険発生の有無を問わず、市町村に通報する義務がある。

A 115
経済

本人の財産を不当に処分することや、本人の希望する金銭の使用を理由なく制限することなどは、経済的虐待に該当する。

A 116
心理

高齢者に著しい心理的外傷を与える言動や高齢者の意欲や自立心を低下させる行為などは、心理的虐待に該当する。

---

13 障害者虐待防止法

Q 117 □□ 医療機関の〔　　　　〕は、医療機関を利用する障害者に対する虐待を防止するために必要な措置を講じることとしている。

Q 118 □□ 障害者虐待防止法上の身体的虐待には、正当な理由なく障害者の身体を〔　　　〕することも含まれる。

Q 119 □□ 養護者による障害者虐待を受けたと思われる障害者を発見した者は、速やかに、〔　　　　〕に通報しなければならない。

Q 120 □□ 〔　　　　　　　〕は、毎年度、障害者福祉施設従事者等による障害者虐待の状況、虐待があった場合にとった措置等を公表しなければならない。

Q 121 □□ 使用者による障害者虐待を受けた障害者は、その旨を市町村または〔　　　　　〕に届け出ることができる。

Q 122 □□ 都道府県及び都道府県障害者権利擁護センターは、使用者による障害者虐待の通報を受けたときは、〔　　　　〕に報告しなければならない。

14 成年後見制度

Q 123 □□ 成年後見制度は、〔　　　〕による法定後見制度と、任意後見契約に関する法律による任意後見制度に分かれる。

Q 124 □□ 成年後見制度では、〔　　　　　　〕が補助人、保佐人、成年後見人を選定する。

A 117
管理者

医療機関の管理者は、医療機関の職員などの関係者に対して障害および障害者に関する理解を深めるための研修の実施と普及啓発や、医療機関を利用する障害者に対する虐待に対処するための措置などを講じるものとしている。

A 118
拘束

障害者虐待防止法上の身体的虐待とは、障害者の身体に外傷が生じる、もしくは生じるおそれのある暴行を加えることや、正当な理由なく障害者の身体を拘束することをいう。

A 119
市町村

養護者による障害者虐待を受けたと思われる障害者を発見した場合の通報先は、基本的に市町村である。

A 120
都道府県知事

毎年度、障害者福祉施設従事者等による障害者虐待の状況、虐待があった場合にとった措置等を公表しなければならないのは、都道府県知事である。

A 121
都道府県

使用者による障害者虐待を受けたと思われる障害者を発見した場合は、市町村または都道府県に通報しなければならない。

A 122
労働局

使用者による障害者虐待では、労働局への報告を行うことになっている。労働局は、監督権限等の適切な行使を行うこと、措置等の公表をすることが求められる。

A 123
民法

法定後見制度には対象者の判断能力によって後見・保佐・補助の3類型がある。

A 124
家庭裁判所

成年後見制度では、家庭裁判所が補助人、保佐人、成年後見人を選定する。

Q 125 □□ 成年後見人が成年被後見人の居住用の不動産を処分する場合には、〔　　　　〕の許可が必要である。

Q 126 □□ 法定後見制度の申立権者は、本人、配偶者、〔　　　〕内の親族、検察官などである。

Q 127 □□ 成年後見制度の〔　　　　〕に関する法律では、成年後見制度の基本理念として、「ノーマライゼーション」の考え方を示している。

Q 128 □□ 任意後見契約は、〔　　　　〕によって締結しなければならない。

15 日常生活自立支援事業

Q 129 □□ 日常生活自立支援事業は、判断能力が不十分であっても、日常生活自立支援事業の〔　　　　〕を判断できる能力をもつ者が対象となる。

Q 130 □□ 日常生活自立支援事業には、初期相談、利用援助契約などを行う〔　　　〕が配置される。

Q 131 □□ 日常生活自立支援事業において、利用者への定期的な訪問等の直接的な支援の業務を行っているのは、〔　　　　〕である。

Q 132 □□ 日常生活自立支援事業において、事業全体の運営監視と利用者からの苦情解決の役割を担うのは、〔　　　　〕委員会である。

A 125 家庭裁判所

成年後見人は、成年被後見人の財産に関する法律行為について代理権を有しているが、居住用の不動産を処分する際は、家庭裁判所の許可が必要となる。

A 126 四親等

法定後見制度の申立権者は、本人、配偶者、四親等内の親族、未成年後見人等（本人が未成年の場合）、検察官、任意後見受任者等（任意後見契約後に法定後見開始の審判をする場合）、市町村長などである。

A 127 利用の促進

成年後見制度の利用の促進に関する法律では、成年後見制度の基本理念として、「ノーマライゼーション」、「自己決定の尊重」、「身上の保護の重視」の考え方を示している。

A 128 公正証書

任意後見制度を利用するには、公証人による任意後見契約締結の公正証書を作成し、法務局に任意後見契約の登記申請をする必要がある。

A 129 契約内容

日常生活自立支援事業とは、認知症高齢者、知的障害者、精神障害者等のうち判断能力が不十分であっても、福祉サービスや日常的金銭管理サービスの内容についての判断ができる者の地域での自立生活を支える事業である。

A 130 専門員

日常生活自立支援事業に関わる職員として、専門員は、利用者の実態把握と確認、支援計画の作成や契約の締結に関する業務を行う。

A 131 生活支援員

日常生活自立支援事業において、基幹的社会福祉協議会の非常勤職員である生活支援員は、利用者への定期的な訪問等の直接的な支援の業務を行う。

A 132 運営適正化

運営適正化委員会は、社会福祉法に基づいて都道府県社会福祉協議会に設置される、福祉サービスに関する利用者からの苦情解決を目的とした第三者機関（医療、福祉、法律の専門家で構成）である。

4

こころとからだの しくみ

ココ!確認 ポイント・チェック!

人間欲求の基本的理解

□マズローの欲求階層説

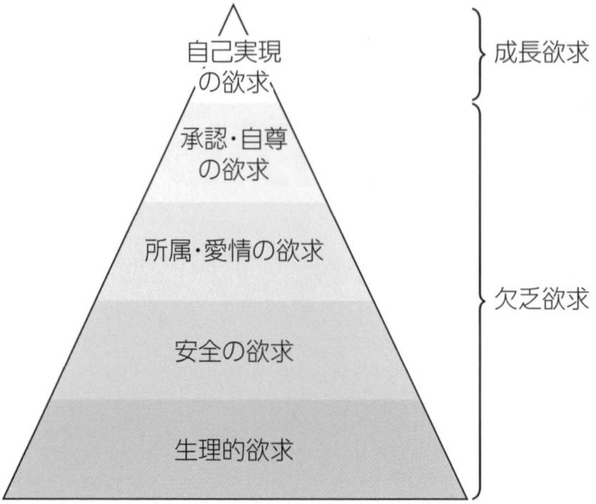

- 生理的欲求、安全の欲求、所属・愛情の欲求、承認・自尊の欲求を欠乏欲求という
- 自己実現の欲求を成長欲求という
- 下位の欲求が満たされることで、次の段階の欲求に移行する

学習理論

提唱者	学習理論	実験内容
パブロフ	レスポンデント条件づけ (古典的条件づけ)	犬に餌を与える際、ベルを鳴らすことを繰り返す。結果、犬に餌を与えなくてもベルを鳴らしただけで唾液が出る（行動変容）
スキナー	オペラント条件づけ (道具的条件づけ)	ネズミがレバーを押すと、餌が与えられるようになっている。餌を与えられる経験により、レバーを押すという自発的な行動を増加させる（行動の強化）

記憶

□記憶のプロセス

記銘 → 保持 → 想起

❶記銘	学習や、情報を覚え込むこと
❷保持	覚えた内容を忘れないように保持すること
❸想起	保持している情報を思い出すこと

□記憶の時間や量による分類

感覚記憶 → 短期記憶 → 長期記憶

長期記憶 → 陳述記憶 → エピソード記憶／意味記憶

長期記憶 → 非陳述記憶 → 手続き記憶／プライミング

□記憶の内容の性質による分類

陳述記憶	エピソード記憶	個人的な出来事や思い出に関する記憶 例：過去の旅行の思い出、昨日の夕飯何を食べたかなど
	意味記憶	学習で覚えた知識や言語など 例：都道府県名、物の名前など
非陳述記憶	手続き記憶	体で覚えた記憶、技能など 例：楽器の弾きかた、泳ぎかたなど
	プライミング	先行する事柄が後続する事柄に影響を与える記憶

動機づけ

種類	内容
❶外発的動機づけ	外部からの報酬による動機づけ 例：外部からの賞罰によって行動を起こすなど
❷内発的動機づけ	内部から起こる、興味や関心、好奇心などによる動機づけ 例：勉強することが、受験合格のみを目標にするのではなく、学んで知識を得ることが楽しいなど

神経系の分類

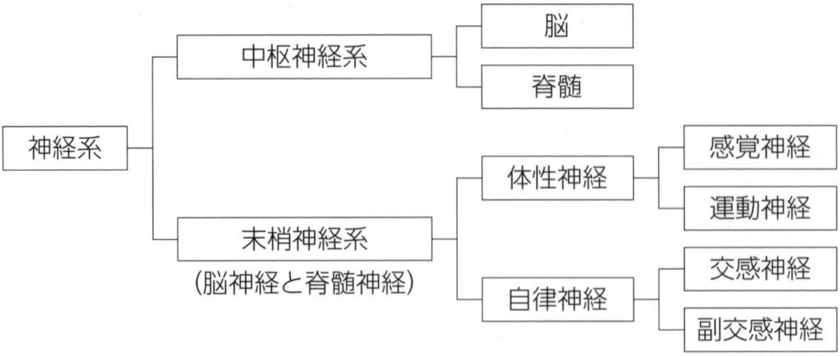

□脳の各部位にある中枢と脊髄の機能

分類	部位	中枢・機能
大脳	前頭葉	運動中枢、運動性言語中枢（ブローカ中枢）
	側頭葉	感覚性言語中枢（ウェルニッケ中枢）、聴覚中枢、味覚中枢
	頭頂葉	皮膚感覚の中枢
	後頭葉	視覚中枢
間脳	視床	嗅覚以外の感覚を大脳に伝える中継点
	視床下部	自律神経系の中枢。脳下垂体が先についている
小脳		平衡感覚（からだのバランス）の中枢
脳幹	中脳	間脳と小脳の連絡通路。姿勢保持や眼球運動の中枢がある
	橋	顔や目の動きをつかさどる
	延髄	呼吸運動や血管収縮などに関わる中枢がある
脊髄		脊椎骨を通じて脊髄神経を全身にめぐらせ、運動や感覚情報の伝達路としての機能を果たす。頸髄・胸髄・腰髄・仙髄・尾髄に分けられる

□末梢神経系

感覚神経	中枢に情報を伝える
運動神経	中枢から指令を送る
体性神経	筋肉や皮膚に分布している
自律神経系	内臓や血管に分布している 交感神経：緊張した時に優位 副交感神経：リラックスした時に優位

骨・筋肉系

□骨のはたらき

❶体を支持する作用
❷脳や内臓を保護する作用
❸体を動かす作用
❹骨髄で、血液をつくる造血作用
❺カルシウム、リンなどの電解質を蓄える作用

□全身骨格図・全身筋肉図

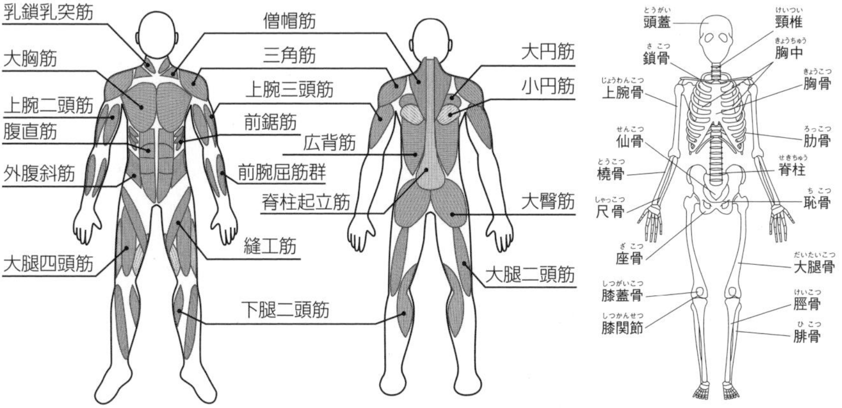

＊重力に抵抗して立位姿勢を維持するための筋肉を抗重力筋と呼び、前脛骨筋、大腿四頭筋、腸腰筋、大臀筋（大殿筋）、下腿三頭筋、大腿二頭筋などが含まれる。

□代表的な関節と主動筋、拮抗筋

		主動筋	拮抗筋
肘関節	屈曲	上腕二頭筋	上腕三頭筋
	伸展	上腕三頭筋	上腕二頭筋
膝関節	屈曲	大腿二頭筋	大腿四頭筋
	伸展	大腿四頭筋	大腿二頭筋
股関節	屈曲	腸腰筋	大殿筋
	伸展	大殿筋	腸腰筋

※拮抗筋：お互いに反対に働く筋肉

内分泌系

□代表的な内分泌器官とホルモンの機能

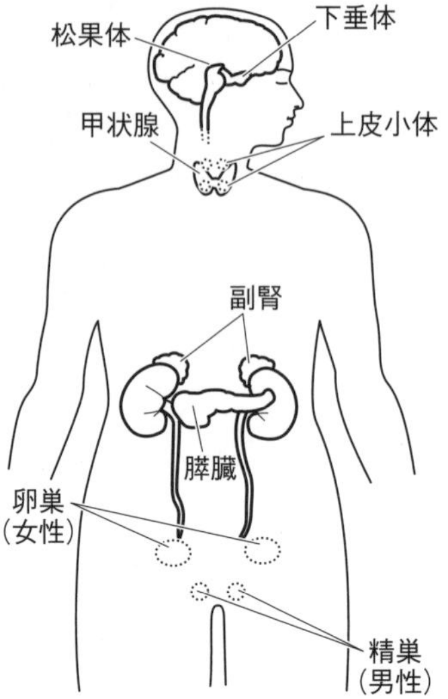

器官名	ホルモンと主な機能
❶下垂体 前葉	成長ホルモン：骨の成長を促す 甲状腺刺激ホルモン：甲状腺のホルモンの分泌を促す 副甲状腺刺激ホルモン：副甲状腺のホルモン分泌を促す 性腺刺激ホルモン：それぞれの性腺ホルモンの合成と分泌を促す
後葉	抗利尿ホルモン（バソプレシン）：尿量の調節 オキシトシン：子宮の収縮、乳汁分泌を促す
❷甲状腺 上皮小体	サイロキシン：物質代謝亢進 カルシトニン：カルシウム濃度低下 パラソルモン：カルシウム濃度維持
❸膵臓 （ランゲルハンス島）	インスリン（β細胞）：血糖値を下げる グルカゴン（α細胞）：血糖値を上げる
❹副腎皮質	糖質コルチコイド：糖新生の促進、抗炎症作用 電解質コルチコイド：ナトリウムの再吸収とカリウムの排出促進
髄質	アドレナリン：心拍増加、血糖上昇作用 ノルアドレナリン：末梢血管収縮による血圧上昇

❺性腺 女性	卵胞ホルモン（エストロゲン）：女性性器発育促進 黄体ホルモン（プロゲステロン）：妊娠維持作用
男性	アンドロゲン：男性第二次性徴の発現を促す

循環器系

□心臓と血液の流れ方

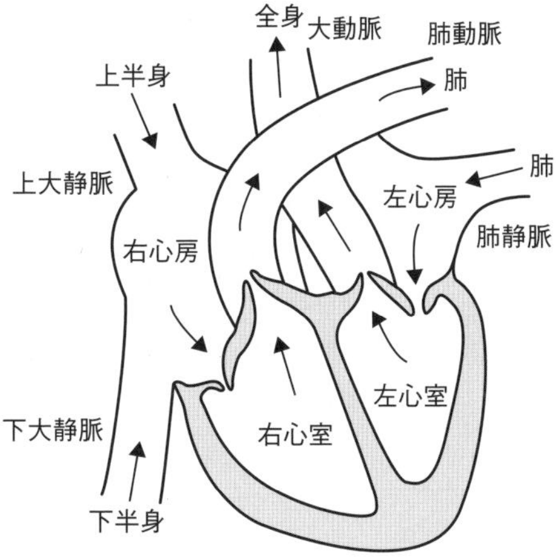

□肺循環と体循環の流れ

肺循環の流れ	血液は、右心室 → 肺動脈 → 肺 → 肺静脈 → 左心房の順に流れる
体循環の流れ	血液は、左心室 → 大動脈 → 組織の毛細血管 → 大静脈 → 右心房の順に流れる

□血液の成分

	種類	機能
血球 45%	赤血球	ヘモグロビンによって酸素の運搬を行う
	白血球	細菌や異物の排除
	血小板	血液の凝固
血漿 55%	血清	90%水分 血漿たんぱく、アルブミン、グロブリン、その他

からだを作る栄養素

□五大栄養素：糖質・たんぱく質・脂質・無機質・ビタミン

□各栄養素の働き

栄養素	特徴
糖質	エネルギー源 4 kcal/g　多くが血液中の血糖となる。組織・脳・神経のエネルギー源として用いられる 余分なものは、肝臓や筋肉にグリコーゲンとして蓄えられる
たんぱく質	エネルギー源 4 kcal/g　からだを構成する細胞質の主成分。筋肉、臓器、皮膚、血液、酵素、ホルモン、免疫抗体などの基本成分である。たんぱく質を合成するのはアミノ酸である。 体内で合成できないアミノ酸を必須アミノ酸（9種）という
脂質	エネルギー源 9 kcal/g　細胞膜、血液、ホルモン等の原料となる
無機質	身体機能などの調整に重要な役割がある ナトリウム、カリウム、リン、マグネシウム、カルシウム、塩素など
ビタミン	エネルギーの代謝に重要な役割 脂容性ビタミン（A・D・E・K）と水溶性ビタミン（ビタミンB_1・B_2・B_6・B_{12}・C、ナイアシン、葉酸など）がある
食物繊維	エネルギー源にならず、消化酵素で消化されない 腸壁を刺激して、蠕動運動を活発にするため、便秘の改善に有効
水分	成人では体重の60％を占める 水分の調節は腎臓で行われる

食事制限・栄養管理が必要な疾患・状態

塩分の制限	高血圧、慢性腎不全、虚血性心疾患など
たんぱく質、カリウムの制限	血液透析が必要な人（慢性腎不全、糖尿病性腎症、尿毒症など）。高血圧の場合は摂取を勧める
エネルギー摂取量の制限	糖尿病、脂質異常症（高コレステロール血症など）、肥満など。食物繊維の摂取を勧める

摂食・嚥下の5段階

	内容
❶先行期（認知期）	食べ物を認知する時期。ここでのポイントは、覚醒状態や、食卓の前に正しい姿勢で座っていることである
❷準備期（咀嚼期）	食べ物を取り込み、咀嚼、食塊を形成する時期。ここでのポイントは、歯の状態がよく、しっかり咀嚼することで、唾液が分泌し、飲み込みやすい食塊をつくることである
❸口腔期	食塊を口腔から咽頭へ送る時期。ここでのポイントは、舌が正常に動き、食塊を咽頭へ移送できることである
❹咽頭期	送られてきた食塊が嚥下反射によって咽頭を通過する時期。ここでのポイントは、軟口蓋が挙上し喉頭蓋が閉鎖し、食塊が気管にいかないことである
❺食道期	食塊が不随意的に胃に移送される時期。ここでのポイントは、胃の入り口の部位に食道括約筋があり、食道へ逆流しないようにしていることである

歩行の種類と代表的な疾患

歩行の種類	疾患
❶失調性歩行	脊髄小脳変性症、小脳腫瘍
❷間欠性跛行	脊柱管狭窄症、閉塞性動脈硬化症
❸小刻み歩行、加速歩行、突進歩行、すくみ足	パーキンソン病
❹片麻痺歩行、分回し歩行	脳梗塞
❺痙性歩行	脳性麻痺、脊髄小脳変性症
❻動揺性歩行	筋ジストロフィー

皮膚の機能

・触覚などの感覚機能としてはたらく
・汗の分泌や血管の収縮などによって、体温を調節する
・汗の分泌を通じて、老廃物を排泄する
・細菌の感染や、外部からの刺激に対する防御機能をもつ
・紫外線を吸収して、ビタミンDを産生する

入浴の効果

効果	内容
静水圧作用	お湯に入ることにより全身に圧力がかかり、内臓が刺激され内臓運動となる
温熱作用	体が温まり血管が広がることで新陳代謝が高まり、不要物の排泄を促す。副交感神経が働き精神的に安らぐ
浮力作用	お湯につかると浮力により体が軽くなり自由に動かせるようになるが、バランスが不安定になる

湯温が身体へ与える影響

	中温湯（38～41℃） 副交感神経優位	高温湯（42℃以上） 交感神経優位
血管	拡張	収縮
血圧	低下	上昇
心拍数	低下	上昇
消化器	促進	抑制
腎、泌尿器	促進	抑制
筋肉	弛緩	緊張
脳	リラックス	興奮

便秘の種類

	種類		特徴
急性便秘	器質性便秘		腸疾患や全身疾患により、腸の狭窄や腸閉塞、急性炎症によって起こる便秘
	機能性便秘		食物、生活環境の変化、精神的原因で起こる一過性の便秘
慢性便秘	器質性便秘		大腸がんなど、大腸の病気によって起こる便秘
	機能性便秘	痙攣性便秘	腸の緊張等による便秘
		弛緩性便秘	腸の蠕動運動低下で、便が停滞し硬くなる便秘
		直腸性便秘	直腸に便があるのに、腹筋が弱く腹圧をかけられず便秘となる。便意を我慢する習慣があると起こる便秘

睡眠

レム睡眠	眠っていても目玉が動き（急速眼球運動）、脳は覚醒に近い浅い眠り。身体の姿勢を保つ筋肉（抗重力筋、姿勢筋）の緊張がほとんどなくなる
ノンレム睡眠	身体の姿勢を保つ筋肉の緊張がなくなる。細胞の新陳代謝を高め、免疫力を強化する。脳が休息状態。体温は少し低くなる。呼吸や脈拍は非常に穏やか。血圧も下がる

さまざまな睡眠障害

睡眠時無呼吸症候群	睡眠中に10秒以上呼吸が止まる無呼吸の状態が、一定の回数に上るもの。満足に睡眠をとることができず、日中に眠気が起きる。肥満による脂肪の増加や、扁桃肥大などが原因となる
レストレスレッグス症候群（むずむず脚症候群）	脚がほてり、かきむしりたくなるような不快感やむずむずとした感覚が起こり、眠りが妨げられる。中途覚醒の原因となる。下肢を動かすと症状が軽快する
周期性四肢運動障害	睡眠中に、手足にけいれんなどが起こることで、睡眠が中断される。中途覚醒の原因となる
レム睡眠行動障害	夢のなかの行動に応じて、睡眠中にもかかわらず、大声を上げたり、手足を激しく動かしたりしてしまう
時差症候群	4～5時間の時差がある地域へ高速で移動すると、体内時計と外界の明暗周期とのズレが生じるいわゆる時差ぼけのこと

終末期にみられる呼吸の種類

チェーンストークス呼吸	30秒弱程度呼吸が止まった後、浅めの呼吸から深く大きな呼吸になるという一連の周期を繰り返す呼吸
肩呼吸	息をするたびに肩も動く呼吸
下顎呼吸	下顎をガクガクと動かす呼吸。この呼吸がみられると1～2時間後に死亡することが多い
鼻翼呼吸	少しでも空気を吸おうと小鼻が開く呼吸

一問一答 ＋穴埋めドリル！

1 欲求

Q 001 □□
欲求は、生理的欲求と〔　　〕的欲求に分類できる。

Q 002 □□
生理的欲求は、〔　　　　　　　　〕の働きによって制御される。

Q 003 □□
マズローの欲求階層説では、欲求を〔　〕段階に分類している。

Q 004 □□
マズローの欲求階層説において安全の欲求は〔　　〕欲求に含まれる。

Q 005 □□
マズローの欲求階層説で成長欲求に該当するものは、〔　　　　〕の欲求である。

Q 006 □□
マズローの欲求階層説において、好意がある他者との良好な関係は、〔　　　　　　〕の欲求に相当する。

Q 007 □□
マズローの欲求階層説において〔　　　　　　〕の欲求は、他者からの承認などの欲求である。

2 記憶

Q 008 □□
目や耳などの感覚器でとらえた情報を一時的に記憶するのは、〔　　〕記憶である。

A 001
社会

欲求は人間の行動の原動力であり、呼吸、食欲、水分補給、睡眠など、生まれもった、生命の維持に必要な一次的欲求（生理的欲求）と、人に必要とされたい、認められたいなど、社会との関わりのなかで後天的に生じる二次的欲求（社会的欲求）に分類できる。

A 002
ホメオスタシス

ホメオスタシスとは、生体内部の生理的均衡状態のことをいう。ホメオスタシスの働きによって、生理的欲求が制御される。

A 003
5

マズローの欲求階層説では、基本的な欲求を優先度によって、生理的欲求、安全の欲求、所属・愛情の欲求、承認・自尊の欲求、自己実現の欲求の５段階に階層づけた。

A 004
欠乏

マズローの欲求階層説では、第１層から第４層までを欠乏欲求、第５層を成長欲求に分類することができる。第２層に位置する安全の欲求は、欠乏欲求に含まれる。

A 005
自己実現

自己実現の欲求は、自分の可能性を最大限に生かし、あるべき姿になりたいという欲求であり、平和の追求なども含む。

A 006
所属・愛情

マズローの欲求階層説において、好意がある他者との良好な関係は、第３層に位置づけられている所属・愛情の欲求に相当する。

A 007
承認・自尊

マズローの欲求階層説において他者からの承認などの欲求は、承認・自尊の欲求である。

A 008
感覚

感覚記憶は、目や耳などの感覚器でとらえた情報を一時的に記憶するものであり、加齢の影響はあまり受けない。

Q 009 □□
自転車の乗り方など、繰り返し練習することで習得した技術や技能などに関する記憶は、〔　　　〕記憶である。

Q 010 □□
強い感情や個人的な意味を含んだ個人的な記憶は、〔　　〕的記憶である。

Q 011 □□
家族の名前や誕生日などの個人的な事実や、一般的な知識についての記憶を、〔　　〕記憶という。

Q 012 □□
昨晩、家族みんなで食事したという記憶は、〔　　　　　〕記憶に該当する。

Q 013 □□
今後の予定や約束など未来で行うことに関する記憶を、〔　　　〕記憶という。

Q 014 □□
「3-2-5-4-1」という5個の数字を聞き、「3-2-5-4-1」と反復することができるのは、〔　　〕記憶によるものである。

---

3 人体の構造と機能

Q 015 □□
脳幹は、上部から〔　　〕・〔　〕・延髄の順で並んでいる。

Q 016 □□
脳の中で記憶をつかさどる部位は、〔　　〕である。

Q 017 □□
大脳の後頭葉は、〔　　〕の中枢である。

Q 018 □□
聴覚野（聴覚中枢）は、大脳の〔　　〕葉にある。

A 009
手続き

手続き記憶とは、自転車の乗り方など、繰り返し練習することで習得した技術や技能などに関する記憶であり、加齢による影響を受けにくく、その内容を忘れにくい。

A 010
自伝

自伝的記憶は、強い感情や個人的な意味を含んだ個人的な記憶であり、アイデンティティと密接なかかわりをもっている。

A 011
意味

意味記憶とは、家族の名前や誕生日などの個人的な事実や、一般的な知識についての記憶である。一方、遠隔記憶とは、数日以上保持される記憶をいう。

A 012
エピソード

エピソード記憶は、過去の経験と時間とが連結された記憶であり、その内容には特定の時間、場所、主観的な出来事が含まれる。

A 013
展望的

展望的記憶とは、人と会う約束の時間など未来に行う行為に関する記憶である。

A 014
短期

「3-2-5-4-1」という5個の数字を聞き、そのとおりに反復することは、短期記憶に該当する。

A 015
中脳
橋

脳幹は、上部から中脳・橋・延髄の順で並んでいる。

A 016
海馬

脳の中で記憶をつかさどる部位は、海馬である。延髄は、呼吸運動や血管収縮などにかかわる。

A 017
視覚

大脳の後頭葉は、視覚の中枢である。

A 018
側頭

聴覚野（聴覚中枢）は、大脳の側頭葉にある。側頭葉にはこのほか、感覚性言語野（ウェルニッケ野）、味覚中枢もある。

Q 019 □□ 運動野（運動中枢）は、大脳の〔　　〕葉にある。

Q 020 □□ 皮膚の痛みの感覚を受け取る大脳の機能局在の部位は、〔　　〕葉である。

Q 021 □□ 体温調節中枢は、〔　　　　〕にある。

Q 022 □□ 自律神経は、交感神経と〔　　　〕神経に分けられる。

Q 023 □□ 血管の収縮は、〔　　〕神経が優位に作用している場合にみられる。

Q 024 □□ 副交感神経が作用すると、消化運動は、〔　　〕される。

Q 025 □□ 左右の上肢それぞれで〔　　〕測定をした場合、左右の値に差がみられることがある。

Q 026 □□ 横隔膜は〔　　〕にかかわる。

Q 027 □□ 舌下腺は、〔　　　〕腺である。

Q 028 □□ 皮膚からは1日に約500～600mℓの〔　　　　〕がある。

Q 029 □□ 肺静脈の中の血液は、〔　　〕血である。

A 019
前頭

運動野（運動中枢）は、大脳の前頭葉にある。前頭葉にはこのほか、運動性言語野（ブローカ野）もある。

A 020
頭頂

頭頂葉には皮膚感覚の中枢があり、痛みの感覚を受け取る。

A 021
視床下部

視床下部は、体温・睡眠・性機能などの調節、感覚神経の中継核、自律神経およびホルモン分泌の中枢である。

A 022
副交感

自律神経は、交感神経と副交感神経に大別できる。交感神経は緊張時に優位に働き、副交感神経はリラックス時に優位に働く。

A 023
交感

交感神経が優位に作用している場合には、血管の収縮、血糖値の上昇、心拍数の増加、瞳孔の散大などがみられる。

A 024
促進

副交感神経が作用すると、消化運動は促進され、交感神経が作用すると、消化運動は抑制される。

A 025
血圧

大動脈疾患や進行した動脈硬化の場合、左右の上肢の血圧に差がみられることがある。そのため、左右それぞれで血圧測定を行う必要がある。

A 026
呼吸

横隔膜は、上下することによって、呼吸のうち主に吸気を助ける働きがある。

A 027
大唾液

舌下腺は、大唾液腺である。大唾液腺は、耳下腺、顎下腺、舌下腺で構成されている。

A 028
不感蒸泄

不《ふ》感蒸泄《かんじょうせつ》とは、呼気や皮膚の表面から自然と排泄される水分であり、皮膚の表面から排泄されるのは約500～600mℓとされている。

A 029
動脈

肺静脈の中の血液は動脈血である。血液は、肺から肺静脈を経由して左心房に流入する。

Q 030 □□
ランゲルハンス細胞のうち、インスリンを分泌する細胞を、〔　〕細胞という。

4　移動に関連したこころとからだのしくみ

Q 031 □□
〔　　　　〕とは、歩き出す際にはじめの一歩めが出しにくい特徴をいう。

Q 032 □□
失調性歩行では、歩行に〔　　　　〕がみられる。

Q 033 □□
脊髄小脳変性症の場合、〔　　〕性歩行がみられやすい。

Q 034 □□
歩くと下肢が痛み、止まると痛みが軽減する特徴があるのは、〔　　〕性跛行《はこう》である。

Q 035 □□
脊柱管狭窄症では、〔　　〕に支障をきたしやすい。

Q 036 □□
大腿四頭筋は、〔　　〕姿勢を維持するための筋肉（抗重力筋）に含まれる。

5　食事に関連したこころとからだのしくみ

Q 037 □□
三大栄養素とは炭水化物（糖質）、〔　　〕、たんぱく質をいう。

Q 038 □□
食物が摂取され、体外に排出される過程において、食欲の次は、〔　　〕である。

A 030
β

ランゲルハンス細胞のうち、グルカゴンを分泌する細胞をα細胞といい、インスリンを分泌する細胞をβ細胞という。

A 031
すくみ足

歩き出す際にはじめの一歩めが出しにくいのはすくみ足である。加速歩行は、歩きはじめるとだんだんと速くなるという特徴がある。

A 032
ふらつき

失調性歩行は、歩行にふらつきがみられるだけでなく、歩幅も一定しないという特徴がある。

A 033
失調

失調性歩行は、運動失調を主症状としている脊髄小脳変性症でみられやすい。

A 034
間欠

間欠性跛行は、歩くと下肢が痛むが、止まるとその痛みが軽減されるという特徴がある。

A 035
歩行

脊柱管狭窄症では、腰痛、下肢の痛み、しびれ、間欠性跛行などがみられることから、歩行に支障をきたしやすい。

A 036
立位

抗重力筋とは、立位姿勢を維持するための筋肉であり、大腿四頭筋、大腿二頭筋、下腿三頭筋、大臀筋などがある。

A 037
脂質

栄養素には、三大栄養素と五大栄養素という分類がある。三大栄養素とは炭水化物（糖質）、脂質、たんぱく質をいい、五大栄養素は三大栄養素に無機質（ミネラル）、ビタミンを加えたものである。

A 038
摂食

食物が摂取され、体外に排出される過程は、食欲→摂食→咀嚼→嚥下→消化・吸収→排泄の順である。

Q 039 摂食から嚥下までの過程は、〔　〕つに分類できる。
□□

Q 040 摂食から嚥下までの過程において、先行期は、〔　　〕機能の影響を受ける。
□□

Q 041 摂食から嚥下までの過程において、準備期は、〔　　〕を整える段階である。
□□

Q 042 摂食から嚥下までの過程において、咽頭期は、食塊の移動が〔　　〕的な運動で行われる。
□□

Q 043 摂食から嚥下までの過程において、〔　　〕期は、軟口蓋《なんこうがい》が挙上して鼻腔咽頭部が閉じ、次に喉頭が挙上して喉頭蓋が閉じる段階である。
□□

6 入浴に関連したこころとからだのしくみ

Q 044 入浴の〔　　〕作用によって、血液循環の促進が図られる。
□□

Q 045 入浴の〔　　〕作用は、下肢のむくみの軽減に効果がある。
□□

Q 046 入浴の〔　　〕作用によって、体重による負担の軽減が図られる。
□□

Q 047 38～41度の湯温で入浴すると、消化機能は〔　　〕する。
□□

Q 048 42度以上の高温による入浴は、心拍数を〔　　〕させる。
□□

A 039
5

摂食から嚥下までの過程は、先行期、準備期、口腔期、咽頭期、食道期の５つに分類できる。

A 040
認知

先行期は、食べ物の形や色を認識する段階であり、認知機能の影響を受ける。

A 041
食塊

準備期は、食物をかみ砕きながら唾液と混ぜ合わせて、飲み込みやすいように食塊を整える段階である。

A 042
不随意

咽頭期から食道期にかけては、食塊の移動が不随意的な運動で行われる。

A 043
咽頭

軟口蓋が挙上して鼻腔咽頭部が閉じ、次に喉頭が挙上して喉頭蓋が閉じ、食塊が食道に運ばれる段階は咽頭期である。一方、食道期は、食塊を食道から胃へ送り込む段階である。

A 044
温熱

血液循環の促進や毛細血管の拡大は、入浴の温熱作用によるものである。

A 045
静水圧

静水圧作用によって、血液の循環を促し、下肢の血液が心臓に戻りやすくなるため、下肢のむくみの軽減に効果が得られる。

A 046
浮力

入浴の浮力作用とは、お湯に入ることで体重が軽くなり、骨や関節、筋肉への負担がやわらぐことをいう。

A 047
亢進

38～41度の湯温は自律神経系の副交感神経を刺激するため、消化機能は亢進する。

A 048
増加

42度以上の高温による入浴は、自律神経系の交感神経を刺激し、心拍数が増加し、血圧も上昇する。

7　排泄に関連したこころとからだのしくみ

Q 049 □□
〔　　〕とは、1日の排尿量がおおむね400mℓ以下の場合をいう。

Q 050 □□
多尿とは、1日の排尿量がおおむね〔　　　　〕mℓ以上の場合をいう。

Q 051 □□
正常な尿の場合、排尿直後は淡黄色で〔　　〕である。

Q 052 □□
大腸がんは、〔　　〕性便秘の原因となる。

Q 053 □□
大腸の蠕動運動の低下は、〔　　〕性便秘の原因となる。

Q 054 □□
健康な成人の便の生成で、上行結腸の次に内容物が通過する部位は、〔　　〕結腸である。

8　睡眠に関連したこころとからだのしくみ

Q 055 □□
〔　　〕睡眠は、浅い眠りであり、脳が覚醒している状態に近い。

Q 056 □□
〔　　　　〕睡眠は、大脳を休ませて回復させるという特徴がある。

Q 057 □□
高齢者の場合、〔　　　　〕が不規則になりやすい。

A 049
乏尿

1日の排尿量がおおむね400mℓ以下の場合を乏尿という。一方、1日の排尿量が50～100mℓ以下の場合を無尿という。

A 050
3000

1日の排尿量がおおむね3000mℓ以上の場合を多尿という。なお、1日の排尿量がおおむね1000～2000mℓ程度であれば、正常である。

A 051
透明

正常な尿は、弱酸性であり、排尿直後は淡黄色で透明である。ただし、水分の摂取量や発汗量、食べ物、薬などにより尿の色や臭いは変化する。

A 052
器質

大腸がんは、器質性便秘の原因となる。直腸性便秘の原因には、排便反射の低下などがある。

A 053
弛緩

筋力低下や運動不足から、大腸の蠕動運動が低下することによって、弛緩性便秘を生じやすくなる。

A 054
横行

大腸は、盲腸→上行結腸→横行結腸→下行結腸→S状結腸→直腸の順につながっている。回腸は小腸の一部で、盲腸の手前にある。

A 055
レム

レム睡眠は、眠りが浅い、脳が覚醒している状態に近い、夢をみることが多いなどの特徴がある。

A 056
ノンレム

ノンレム睡眠は、眠りが深い、大脳を休ませて回復させるなどの特徴がある。

A 057
睡眠周期

睡眠は、通常、浅い眠り（レム睡眠）から深い眠り（ノンレム睡眠）へと至る過程を約90分で1つの周期とし、1晩で4～5回繰り返される。高齢者は、加齢によって、睡眠ホルモンであるメラトニンの分泌が減少するため、睡眠周期が不規則になりやすい。

Q 058 □□
高齢者の不眠の原因の１つは、〔　　　　　　〕の減少である。

Q 059 □□
空腹状態は、〔　　〕の妨げになり得る。

Q 060 □□
睡眠不足は、〔　　〕が増え、肥満につながりやすい。

Q 061 □□
睡眠中に下肢が勝手にピクピクと動いてしまう睡眠障害は、〔　　　　　　　　　　〕である。

Q 062 □□
睡眠中に突然大声を出したり身体を動かしたりする睡眠障害は、〔　　　　　　　　　〕である。

Q 063 □□
夕方に強い眠気を感じて就寝し、深夜に覚醒してしまう睡眠障害は、〔　　　　　　　　　　〕である。

9　人生の最終段階のケアに関連したこころとからだのしくみ

Q 064 □□
つらい治療を我慢して受けるので助けてほしいと願うことは、キューブラー・ロスが提唱した死の受容過程における〔　　　〕に該当する。

Q 065 □□
本人の意思が明確なうちに、医療やケアに関する選択を本人が表明しておくことを〔　　　　　　　　〕（生前の意思）という。

A 058
メラトニン

加齢に伴ってメラトニンの分泌が減少し、高齢者では浅い段階のノンレム睡眠が増加する。このため、ちょっとした刺激でも目覚めるようになる。

A 059
入眠

空腹状態は、入眠の妨げになり得るため、食事は就寝の２～３時間前にすませるなどの配慮が必要となる。

A 060
食欲

睡眠不足は、食欲が増え、肥満につながりやすくなるほか、注意力や遂行能力の低下にもつながる。

A 061
周期性四肢運動障害

周期性四肢運動障害は、睡眠中に、手足がピクピクと痙攣すること（不随意運動）により、睡眠が中断され、中途覚醒の原因となる。

A 062
レム睡眠行動障害

レム睡眠行動障害は、夢のなかの行動に応じて、睡眠中にもかかわらず、大声を上げたり、手足を激しく動かしたりしてしまう睡眠障害である。

A 063
概日リズム睡眠障害

概日リズム睡眠障害は、体内時計によって保たれる約24時間周期のリズムである概日リズム（サーカディアンリズム）に乱れが生じることで、夕方に強い眠気を感じて就寝し、深夜に覚醒してしまう睡眠障害である。

A 064
取り引き

キューブラー・ロスは、死の受容の過程を拒否 → 怒り → 取り引き → 抑うつ → 受容に分類している。取り引きでは、つらい治療を我慢して受けるので助けてほしいと願うなどの状態が該当する。

A 065
リビングウィル

終末期を迎えた利用者が、どのような形で最期のときを迎えたいか、事前に意思確認をし、確認した内容をリビングウィル（生前の意思）などの書面にして残すことで、利用者が意思を示すことができなくなっても、書面に基づき対応する。

Q 066 □□
本人の意思が確認できなかった場合に、家族、医療・介護専門職が協働して本人の意思を推測し、総意に基づいて方針を決定することを〔　　　　　〕・ベースド・アプローチという。

Q 067 □□
人生の最終段階において自らが望む医療・ケアについて、医療・ケアチーム等と話し合い、共有するための取組を〔　　　　　〕・ケア・プランニング（ACP）という。

Q 068 □□
臨死期では、呼吸をするたびに、喉元でゴロゴロと音がする〔　　　　　〕になることがある。

Q 069 □□
事前指示書とは、〔　　　　　〕が困難になったときのために、希望する医療ケアを記載した書類のことである。

Q 070 □□
呼吸のたびに顎であえぐような〔　　　〕呼吸が始まると、1～2時間後に死亡することが多い。

Q 071 □□
30秒弱程度呼吸が止まった後、浅めの呼吸から深く大きな呼吸となるという一連の周期を繰り返す呼吸を、〔　　　　　〕呼吸という。

Q 072 □□
死亡後にみられる身体の変化として、皮膚の〔　　　〕がみられる。

Q 073 □□
大切な人を亡くした後にみられる、寂しさやむなしさ、無力感などの精神的反応や、睡眠障害、食欲不振、疲労感などの身体的反応を、〔　　　　　〕という。

A 066 コンセンサス

コンセンサス・ベースド・アプローチは、重度の認知機能障害などを有する利用者や、リビングウィルが確認できなかった場合に、家族、医療・介護専門職が協働して本人の意思を推測し、総意に基づいて方針を決定する方法である。

A 067 アドバンス

アドバンス・ケア・プランニング（ACP）は、愛称を「人生会議」という。患者やその家族と医療従事者があらかじめ、終末期を含めた今後の医療などについて話し合ったり、意思決定ができなくなったときに備えて、本人の代わりに意思決定をする人を決めておいたりするプロセスである。

A 068 死前喘鳴

死前喘鳴とは、痰がからんで、「ヒューヒュー」「ゼーゼー」といった気管支の中を空気が出入りする音のことをいう。首を横にすることで軽減する場合もある。

A 069 意思疎通

事前指示書とは、意思疎通が困難になったときのために、あらかじめ終末期や臨終期における医療ケアや看取りの方法などの希望を記した書類をいう。

A 070 下顎

下顎呼吸は、呼吸のたびに下顎がガクガクとあえぐような動きをする終末期にみられる呼吸であり、この呼吸がみられると１～２時間後に死亡することが多いとされている。

A 071 チェーンストークス

脳血管障害や心不全などの重症時や危篤時にみられるチェーンストークス呼吸は、頻呼吸、徐呼吸、無呼吸のサイクルが周期的に現れる呼吸で、弱い呼吸と強い呼吸、さらに弱い呼吸と無呼吸状態を繰り返す。

A 072 死斑

死亡後にみられる身体の変化として、関節や筋肉の硬直、角膜の混濁、皮膚の死斑などがある。

A 073 グリーフ

家族の不安や悲嘆への配慮や対応をグリーフケア（悲嘆へのケア）という。利用者が亡くなったあと、悲しみが癒えるように、介護職をはじめとして利用者に関わった専門職が、それぞれの立場からケアを行う。

5

発達と老化の理解

ココ!確認  **ポイント・チェック!**

人間の成長と発達

□スキャモンの発育曲線

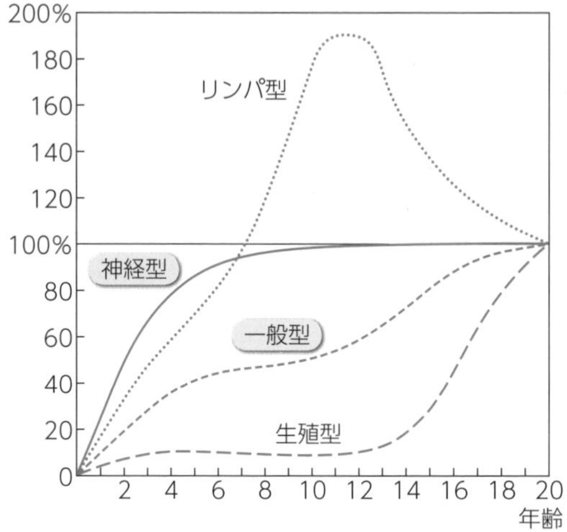

「一般型」に属する身長、体重、心臓、筋肉は、生後から成人まで緩やかなS字カーブを描いて成長する。「神経型」に属する脳や感覚器官は、乳幼児期に急速に発達する。

□代表的な発達段階説

発達段階説者	内容
ピアジェ	子どもの感覚運動から、思考・認知の発達を、❶感覚運動期、❷前操作期、❸具体的操作期、❹形式的操作期の4つの段階に分けている
フロイト	リビドーという性的エネルギーの現れ方を、❶口唇期、❷肛門期、❸男根期、❹潜在期、❺思春期、❻性器期の6つの段階に分けている
エリクソン	発達の概念を生涯発達へと拡張し、心理・社会的側面の発達を、❶乳児期、❷幼児期前期、❸幼児期後期、❹児童期、❺青年期、❻成年期初期、❼成年期中期、❽成年期後期（老年期）の8つの段階にまとめている
ハヴィガースト	初めて発達課題という概念を提唱し、❶乳幼児期、❷児童期、❸青年期、❹壮年期、❺中年期、❻老年期の6段階における発達課題を挙げている

□エリクソンの発達段階説

段階	発達課題
❶乳児期（0～1歳頃）	信頼感の獲得　「信頼」対「不信」
❷幼児期前期（1～3歳頃）	自律感の獲得（積極性の獲得）
❸幼児期後期（3～6歳頃）	自発性の獲得　「積極性」対「罪悪感」
❹児童期（6～12歳頃）	勤勉性の獲得　「勤勉性」対「劣等感」
❺青年期（12～20歳頃）	同一性の獲得　「同一性」対「同一性拡散」
❻成年期初期（20～30歳頃）	親密性の獲得　「親密性」対「孤立」
❼成年期中期（30～65歳頃）	生殖性の獲得　「生殖性」対「停滞」
❽成年期後期（老年期）（65歳以降）	統合性の獲得　「自我統合」対「絶望」

□老化に伴うからだの変化

	老化に伴うからだの変化	起こりやすい症状
皮膚	水分量の減少、発汗・皮脂分泌機能低下	老人性掻痒症、脱水
口腔	咀嚼力低下、唾液量低下	誤嚥、栄養不足
味覚	味蕾の萎縮と減少	味の濃いものを好む
視覚	調整力低下、明暗順応低下、寒色系が識別しにくく、暖色系（赤・橙色）が識別しやすい	老視
聴覚	聴覚機能の低下	感音性難聴
消化器	消化酵素減少、蠕動運動低下	下痢や便秘
呼吸器	肺活量低下、換気量の低下	息切れ
循環器	動脈の弾力低下	動脈硬化症、高血圧
運動器系	筋繊維萎縮、骨量減少	骨粗鬆症
免疫機能	免疫機能低下	感染症、悪性腫瘍
その他	体温調節機能低下	熱中症

□知能

流動性知能	新しい情報を獲得したり、処理・操作したり、新しい環境に適応するための能力
結晶性知能	長い年月にわたり、教育や社会のなかで獲得してきた能力

※知能の加齢変化としては、結晶性知能は維持されることが多いが、流動性知能は低下が認められる。

□ライチャードの老年期人格分類

❶円熟型	自分の老化を受け入れ、現在の生活に満足している。他者に対しても柔軟であり、積極的に、生活や社会活動をしている
❷依存型（安楽椅子型）	高齢になり、責任がなくなったことを歓迎し、満足している。他者に対して依存的である
❸防衛型（装甲型）	自分の老化を受け入れておらず、拒否している。若者には負けないという意識で、仕事に価値をおき積極的に活動している
❹憤慨型（外罰型）	他者に対して攻撃的で、自分の不幸を他人のせいにして非難する
❺自責型（内罰型）	人生の失敗など過去を悔やみ、自分のせいだと自分を責める

※❶❷❸のは適応的タイプ、❹や❺は不適応的タイプである。

生理的老化の学説

エラー破局説	細胞内のDNAが損傷することで老化が生じると考える
消耗説	加齢による臓器や器官の萎縮や縮小に対して、それを補う再生機能が低下することで老化が生じると考える
フリーラジカル説	活性酸素による細胞の損傷で老化が生じると考える
機能衰退説	加齢によって臓器や器官が機能低下することで老化が生じると考える
老化プログラム説	人の細胞分裂の回数があらかじめ決まっていることで老化が生じると考える

尿失禁

腹圧性尿失禁	蓄尿障害：せきやくしゃみなど腹圧がかかることで漏れる。女性に多い
切迫性尿失禁	蓄尿障害：強い尿意が起こり我慢できずに漏れる
溢流性尿失禁	出す機能障害：溢れるように尿が漏れる。男性に多い尿失禁（代表的疾患は前立腺肥大）
機能性尿失禁	排尿行為の障害：運動機能低下や認知機能の問題で漏れる（代表的疾患は認知症や脳血管疾患）
反射性尿失禁	尿が溜まっていてもわからず（尿意なし）に漏れる（代表的疾患は脊髄損傷）

高齢者のかゆみの原因

原因	疾患
❶皮膚そのものに問題がある	皮膚欠乏性皮膚炎、 接触性皮膚炎、脂漏性皮膚炎、 白癬や疥癬
❷皮膚以外の要因によって症状がでる	内臓疾患や代謝性疾患、 腎不全、肝・胆道疾患、糖尿病

高齢者に多い骨折部位

部位	骨折の種類
肩	上腕骨骨折
手首	撓骨《とうこつ》遠位端骨折
背骨	脊椎圧迫骨折（腰椎圧迫骨折）
股	大腿骨頸部骨折

転倒予防のための運動

❶ストレッチ
❷バランス訓練
❸下肢筋力増強訓練

生活習慣病

□脳血管疾患の分類

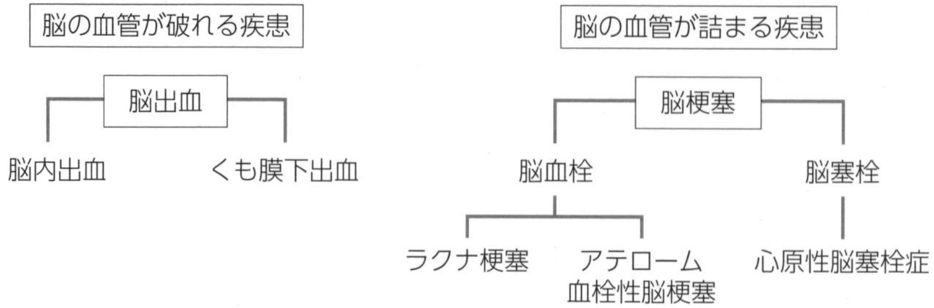

□高血圧

本態性高血圧	高血圧の90％で原因は明らかではない。 遺伝因子や環境因子（過剰な食塩摂取、精神的・肉体的ストレス、肥満、喫煙）
二次性高血圧	腎臓や副腎の病気 ホルモン分泌異常、腎機能障害、腎動脈狭窄

※高齢者には本態性高血圧が多い。

□心疾患

	狭心症	心筋梗塞
原因	冠状動脈が狭くなる	冠状動脈がつまる
症状	胸痛 ５～10分以内	激しい胸痛 30分～数日
治療	ニトログリセリンの舌下投与が効果的	専門医による治療が必要

※高齢者の場合、必ずしも胸痛という定型的な症状を示さない場合がある。

□糖尿病

１型糖尿病	・若い人に多い ・生活習慣とは関係せず、インスリンの分泌が少なくなる
２型糖尿病	・中高年に多い ・食事、運動など生活習慣が関係する

□低血糖・高血糖症状

低血糖	高血糖
冷汗、動悸、めまい	口渇、多尿、全身倦怠感

高齢者の症状や疾患と特徴

・慢性疾患である
・非定型的な症状を示す
・複数の疾患がある
・薬剤の副作用が出やすい
・多くの疾患が精神症状を伴うことが多い
・合併症を起こしやすい
・家庭・社会環境の影響を受ける
・個人差が大きい

パーキンソン病の４つの主症状

❶筋固縮《きんこしゅく》	筋肉が固くこわばり、スムーズに動かせなくなる
❷安静時振戦	じっとしている状態のときに、手足がふるえる
❸無動・寡動《かどう》	動作に時間がかかり、ゆっくりとしか動けなくなる。表情の変化がとぼしくなる仮面様顔貌《かめんようがんぼう》という症状も現れる
❹姿勢反射障害	姿勢を変えようとしたときなどに、バランスを維持することが難しくなる →前のめりになって、止まれなくなる（突進現象）、歩幅が極端にせまくなる（小刻み歩行）、歩き始めの一歩目が踏み出せなくなる（すくみ足）、など

パーキンソン病の重症度分類

ホーエン＆ヤールの重症度分類		生活機能障害度
ステージⅠ	一側性障害のみ。機能障害は軽微かなし	Ⅰ度：日常生活、通院にほとんど介助を必要としない
ステージⅡ	両側性障害。平衡機能障害はなし	
ステージⅢ	軽度から中等度の機能障害。姿勢反射障害、小刻み歩行やすくみ足がみられる。独立した生活が可能	Ⅱ度：日常生活、通院に部分的な介助を必要とする
ステージⅣ	高度の機能障害。歩行・起立は介助なしでかろうじて可能。１人での日常生活は困難	
ステージⅤ	介助がない限り、寝たきりまたは車いすの生活	Ⅲ度：日常生活に全面的な介助を必要とし、独力の歩行行・起立が不可能

一問一答 ＋穴埋めドリル！

1 発達理論

Q 001 □□
成熟優位説では、学習を成立させるために必要な〔　　〕を重視する。

Q 002 □□
環境優位説では、〔　　〕による働きかけを重視する。

Q 003 □□
スキャモンは器官や臓器による発達の特徴を、〔　　〕型、神経型、一般型（全身型）、生殖型の 4 つのパターンに分けた。

Q 004 □□
スキャモンの発達曲線において、神経系の組織は、〔　〕歳ごろから急速に発達する。

Q 005 □□
スキャモンの発達曲線において、筋骨格系の組織は、〔　〕歳ごろから急速に発達する。

Q 006 □□
スキャモンの発達曲線において、生殖器系の組織は、〔　〕歳ごろから急速に発達する。

Q 007 □□
スキャモンの発達曲線において、リンパ系の組織は、〔　〕歳ごろから急速に発達する。

Q 008 □□
ピアジェの思考発達段階説では、論理的思考の発達過程に焦点を当てて、発達段階を年齢の低い方から〔　〕段階に分類した。

A 001
レディネス

成熟優位説は、ゲゼルが提唱した理論であり、学習を成立させるために必要なレディネス（準備状態）を重視するという特徴がある。

A 002
環境

環境優位説は、ワトソンが提唱した理論であり、環境による働きかけを重視し、しつけや教育が重要であると考えた。

A 003
リンパ

アメリカの医学者・人類学者であるスキャモンは、人の誕生から成熟期までの標準的な成長・発達を、一般型（全身型）、リンパ型、神経型、生殖型の４つのパターンに分類し、発達・発育曲線で示した。

A 004
0

神経系の組織（神経型）は、０歳から急速に発達し、16歳頃に100％に到達する。

A 005
0

筋骨格系や循環器系の組織（一般型）は、０歳から急速に発達したあと緩やかに上昇し、12歳頃に再び急速に発達し、20歳頃に100％になる。

A 006
12

生殖器系の組織（生殖型）は、思春期の12～14歳頃から急速に発達し、20歳頃に100％になる。

A 007
0

リンパ系の組織（リンパ型）は、０歳から急速に発達し、12歳頃に190％まで到達したあと下降し始め、20歳頃に100％になる。

A 008
4

ピアジェの思考発達段階説では、論理的思考の発達過程に焦点を当てて、発達段階を年齢の低い方から感覚運動期、前操作期、具体的操作期、形式的操作期の４段階に分類した。

Q 009 □□ ピアジェは、ある事象を言語などの記号化されたもので認識するようになる時期を〔　　　　〕期とした。

Q 010 □□ ピアジェは、体積や量の保存の概念が獲得される時期を〔　　　　〕期とした。

Q 011 □□ エリクソンは、社会での仕事を通して社会的価値のあるものを生産していく成年期中期の発達課題を〔　　〕性の獲得であるとした。

Q 012 □□ エリクソンの発達段階説では、青年期の発達課題を〔　　〕性の獲得としている。

Q 013 □□ フロイトは、男女の性差に気づいていく時期を〔　　〕期とした。

2 高齢者の年齢規定

Q 014 □□ 介護保険法では、〔　　〕歳から第２号被保険者になる。

Q 015 □□ 都道府県の区域内に住所を有する75歳の人は、〔　　〕医療の被保険者となる。

Q 016 □□ 高齢社会とは、全人口に占める65歳以上の人口の割合が〔　　〕%以上の社会をいう。

Q 017 □□ 健康上の問題で日常生活が制限されることなく生活できる期間を〔　　〕寿命という。

A 009
前操作

前操作期（２～７歳）は、ある事象を言語などの記号化されたもので認識するようになる時期である。模倣などの象徴的思考と、見た目により判断をする直感的思考が特徴である。

A 010
具体的操作

具体的操作期（７～11歳）は、具体的な形のあるものを、見た目で判断せずに、論理的思考で考えることができる時期である。

A 011
生殖

成年期中期の発達課題は、生殖性の獲得である。学童期の発達課題は、勤勉性の獲得である。

A 012
同一

エリクソンの発達段階説では、青年期の発達課題を同一性の獲得としている。一方、幼児期後期の発達課題は、自発性の獲得である。

A 013
男根

フロイトは、男女の性差に気づいていく５～６歳頃の発達段階は男根期である。

A 014
40

介護保険法の第２号被保険者は、40歳以上65歳未満の医療保険加入者である。

A 015
後期高齢者

都道府県の区域内に住所を有する75歳以上の者や一定の障害があると後期高齢者医療広域連合から認定された65～74歳の者は、後期高齢者医療制度の被保険者になる。

A 016
14

65歳以上の人口が総人口に占める割合が７％以上の社会を高齢化社会といい、同じく14％以上の社会を高齢社会、21％以上の社会を超高齢社会という。

A 017
健康

健康寿命は、０歳児の平均余命（平均寿命）から介護期間を差し引いた寿命を指す。

---

3 高齢者の心理

Q 018
□□
高齢を理由にして、偏見をもったり差別したりすることを〔　　　　　〕という。

Q 019
□□
高齢になっても生産的な活動を行うことを〔　　　　　〕・エイジングという。

Q 020
□□
加齢を受容して、活動的に生きようとすることを〔　　　　　〕エイジングという。

Q 021
□□
高齢者の性格類型と適応パターンにおいて、「〔　　　〕型」は、自分の人生を受け入れているという特徴がある。

Q 022
□□
高齢者の性格類型と適応パターンにおいて、「安楽いす型」は、他者に〔　　　〕しやすいという特徴がある。

Q 023
□□
高齢者の性格類型と適応パターンにおいて、「装甲型（自己防衛型）」は、〔　　　〕に対する不安が強いという特徴がある。

4 高齢者に多くみられる疾患

Q 024
□□
サルコペニアは筋量の〔　　　〕が特徴である。

Q 025
□□
高齢者の糖尿病は、若年者に比べて低血糖の〔　　　〕症状に乏しい。

Q 026
□□
狭心症は、症状がない場合、〔　　　　〕で異常を認めないことが多い。

A 018
エイジズム

エイジズムとは、「高齢になると、頑固な性格になる」のように年齢だけを理由に、高齢者を差別的にとらえる考え方をいう。

A 019
プロダクティブ

プロダクティブ・エイジングとは、老年期に差しかかっても、自立して生産的な活動に関わるべきとする考え方をいう。生産的な活動とは、ボランティアや家事などの「支払い」を求めない無償労働を中心とする。

A 020
アクティブ

アクティブエイジングは、WHO（世界保健機関）が「第2回高齢者問題世界会議」（2002年）で初めて提唱した考え方である。

A 021
円熟

円熟型は、現実に対して柔軟であり、自分の人生を受け入れて、様々なことに興味をもち、積極的に社会参加をするという特徴がある。

A 022
依存

安楽いす型は、消極的ながらも新しい環境にも適応できるが、他者に依存しやすいという特徴がある。

A 023
老化

装甲型（自己防衛型）は、老化に対する不安が強く、仕事を続けることで自己防衛しようとする特徴がある。

A 024
低下

サルコペニアは、筋量の低下、筋力の低下、身体機能の低下がみられるとされており、運動器全体の機能低下をきたすこともある。

A 025
自覚

高齢者の糖尿病は、若年者に比べ、典型的な症状が出現しないことがあり、低血糖の自覚症状に乏しくなりやすい。

A 026
心電図

狭心症は、症状が出現していない場合、心電図で異常を認めないことが多い。そのため、冠動脈造影、CT、MRI検査などによって診断をする必要がある。

Q 027 □□
不整脈は、〔　　〕自体の異常のほか、ストレスや喫煙などで起こることもある。

Q 028 □□
高齢者の心不全では、病状が進行すると、酸素欠乏によって〔　　　　〕を生じる。

Q 029 □□
関節リウマチは、〔　〕方に手がこわばりやすい。

Q 030 □□
老年期の変形性膝関節症は、〔　〕性のほうが罹患率が高い。

Q 031 □□
変形性膝関節症では、〔　〕脚に変形する。

Q 032 □□
腰部脊柱管狭窄症では、下肢の〔　　　〕がみられる。

Q 033 □□
骨粗鬆症は、〔　〕性に多い。

Q 034 □□
疥癬《かいせん》は、ヒゼンダニの寄生による感染症であり、感染経路として〔　　〕感染がある。

Q 035 □□
尿失禁のうち、前立腺肥大症で尿を漏らすものを、〔　　〕性尿失禁という。

Q 036 □□
前立腺肥大症の症状が進むと〔　〕になる。

Q 037 □□
パーキンソン病では、安静時振戦や〔　〕固縮といった運動症状がみられやすい。

A 027
心臓
不整脈は、心臓自体の異常だけでなく、ストレス、喫煙、睡眠不足、飲酒といった不適切な生活習慣によって生じる場合もある。

A 028
チアノーゼ
チアノーゼは、酸素の欠乏により、皮膚や粘膜が青紫色になる状態であり、高齢者の心不全では、病状が進行した場合に生じる。

A 029
朝
関節リウマチは、朝方に手がこわばりやすいという特徴があり、進行すると関節の痛みや腫れから関節に変形をきたす。

A 030
女
変形性膝関節症は、中年期以降の肥満した女性に多くみられる。

A 031
O
変形性膝関節症は、膝関節の軟骨がすり減った状態になる。症状が進行するとO脚に変形し、次第に歩行が困難になっていく。

A 032
しびれ
腰部脊柱管狭窄症は、老化によって脊柱管（脊髄などの神経の通り道）がせまくなり、神経が圧迫されることで起こる。腰痛や足の痛み・しびれ、歩行障害（間欠性跛行）などがみられるようになる。

A 033
女
骨粗鬆症は、骨量の減少によって、骨密度が低下する疾患である。閉経後の女性に多くみられる。

A 034
接触
疥癬は、ヒゼンダニの寄生による感染症で、ヒトとヒトとの接触のほか、衣類や寝具を介して感染する接触感染を感染経路としている。

A 035
溢流
尿失禁のうち、前立腺肥大症で尿を漏らすものを溢流性尿失禁といい、トイレまで我慢できずに尿を漏らすものを切迫性尿失禁という。

A 036
尿閉
前立腺肥大症の初期症状では、頻尿（夜間頻尿）がみられるが、症状が進行すると、前立腺が尿道を圧迫し、尿閉になることがある。

A 037
筋
パーキンソン病では、安静時振戦、筋固縮、無動・寡動、姿勢反射障害といった運動症状がみられる。

5 加齢に伴う心身の変化

Q 038 □□ 老化の特徴として、元に戻ることができない〔　　　〕性が挙げられる。

Q 039 □□ 〔　　〕性知能は、加齢の影響を受け、低下する傾向にある。

Q 040 □□ 体重に占める水分の割合は、加齢に伴って〔　　〕する。

Q 041 □□ 嚥下機能は、加齢によって〔　　〕する傾向にある。

Q 042 □□ 聴力は、加齢に伴って〔　　　〕音域から低下する。

Q 043 □□ 高齢者は、加齢に伴って〔　　〕の数や唾液の分泌量が減少することから、味覚が低下する。

Q 044 □□ 高齢期の腎・泌尿器系の状態や変化として、尿の濃縮力が〔　　〕する。

Q 045 □□ 高齢者は、加齢に伴って〔　　〕機能が低下するため、服用した薬が体内に留まる時間が長くなりやすい。

Q 046 □□ 老化に伴って、骨密度は〔　　〕する。

A 038 不可逆

老化は、時間経過とともに不可逆的に進行する形態的・生理的な生体の衰退現象である。

A 039 流動

流動性知能は、加齢の影響を受け、低下する傾向にある。一方、結晶性知能は、加齢の影響を受けにくいため、維持される傾向にある。

A 040 減少

体重に占める水分の割合は、加齢に伴って減少する傾向にあり、皮膚の乾燥や脱水を生じやすくなる。

A 041 低下

高齢者は、加齢に伴って嚥下機能が低下しやすく、誤嚥を生じるリスクが高まる。

A 042 高周波

聴力は、加齢に伴って高周波音域から低下するため、高音域（甲高い声など）が聞き取りにくくなる。

A 043 味蕾

高齢者は、加齢に伴って味蕾の数や唾液の分泌量が減少することから、味覚が低下し、濃い味付けの食事を好むようになる。

A 044 低下

慢性腎不全になり腎機能が低下すると、尿の濃縮力が低下し、多尿や夜間頻尿、軽度の貧血がみられる。

A 045 代謝

高齢者の場合には、代謝機能の低下などに伴い、服用した薬が体内に留まる時間が長くなるため、薬効が現れやすく、副作用も現れやすい。

A 046 低下

老化に伴う身体の変化として、骨密度の低下がある。特に女性の場合、骨密度の低下が著しく、骨粗鬆症につながることも少なくない。

6

認知症の理解

ココ!確認  ポイント・チェック!

認知症の症状

中核症状	見当識障害、記憶障害、実行機能障害、失語、失行、失認、判断力の低下　など
認知症の行動・心理症状（BPSD）	幻視、幻聴、暴力行為、徘徊、抑うつ　など

主な失行の症状

観念失行	動作の内容は理解できても、順序立てて行うことができない
構成失行	図形や絵を、思いどおりに描くことができない
着衣失行	衣服を、思いどおりに着ることができない

仮性認知症の特徴

せん妄	・出現する要因に脳の器質疾患、手術の既往、感染症、脱水などがある ・夜間に現れることが多く、突然発症する場合がある（夜間せん妄） ・軽度の意識混濁に伴う意識レベルの低下、激しい精神運動性興奮、幻覚・妄想、徘徊などの症状がみられる ・水分の補給、電解質の補給、薬物治療などを行う必要がある
うつ病	・うつ病は、症状に日内変動がみられるという特徴があり、夕方に比べ朝方に体調が悪くなりやすい ・食欲低下、気力低下、不眠や頭痛などの身体症状がみられやすい

若年性認知症のポイント

- 65歳未満の年齢で発症した認知症のこと
- 作業能率の低下など、実行機能障害が先行して生じることが少なくない
- 仕事上のミスが目立つなどの社会生活上に問題がみられやすくなる
- 後期高齢者の認知症に比べて、症状の進行が速い
- 基礎疾患として、アルツハイマー型認知症が最も多い

代表的な認知症原因疾患の特徴

アルツハイマー型認知症	・記憶障害や人格変化などがみられる ・脳の萎縮や脳溝の拡大が認められる ・男性に比べて女性に多くみられる ・症状は緩やかに進行する
血管性認知症	・梗塞巣が認められる ・嚥下障害を合併する場合が多い ・女性に比べて男性に多くみられる ・まだら認知症とも呼ばれる ・感情（情動）失禁がみられやすい
レビー小体型認知症	・見当識障害、記憶障害、幻視・幻聴、パーキンソン症状などがみられる ・幻視は、具体的かつ鮮明である ・症状の程度には、日内変動がみられる
前頭側頭型認知症	・前頭葉と側頭葉に限定した局所性の脳萎縮が認められる ・人格変化、行動異常、自制力低下、感情鈍麻などがみられる ・初期段階では、知的機能は維持される傾向にある
クロイツフェルト・ヤコブ病	・行動異常、性格変化、視覚異常、認知症症状などがみられる ・認知症症状は、数か月間で急速に進行し、けいれん発作（ミオクローヌス）を生じる ・発症後、おおむね半年程度で自力運動が困難となり、寝たきりになる
慢性硬膜下血腫	・頭部外傷後、数か月経ってから認知機能の障害が認められるようになる ・手術で血腫を除去することによって改善がのぞめる
正常圧水頭症	・脳室内に脳脊髄液が貯留する特徴がある ・シャント手術などによって改善がのぞめる

軽度認知障害（MCI）

❶記憶障害の訴えが本人または家族から認められている
❷日常生活動作は正常
❸全般的認知機能は正常
❹年齢や教育レベルの影響のみでは説明できない記憶障害が存在する
❺認知症ではない

知的機能・認知機能の検査

改訂長谷川式簡易知能評価スケール（HDS-R）	年齢、日時や場所の認識（見当識）、計算、記憶などの項目について口頭で回答し、認知症かどうかを評価する検査。日本国内で最も広く活用されている評価スケールで、9項目の質問で構成されている。30点満点で20点以下の場合に認知症が疑われる
ミニ・メンタル・ステイト検査（MMSE）	口頭での回答に、図形の模写という動作性の課題を加えて、認知症かどうかを評価する検査。国際的に最も広く活用されている評価スケールで、11項目の質問で構成されている。30点満点で23点以下の場合に認知症が疑われる

認知症の重症度を評価する検査・基準

CDR（Clinical Dementia Rating）	家族や介護者からの情報をもとに、記憶や判断力、社会適応などの6項目を評価する。国際的に最も広く活用されている、行動観察式の評価スケール。項目別の結果をまとめて、最終的に、「健康（0）」「認知症の疑い（0.5）」「軽度（1）」「中等度（2）」「重度（3）」の5段階に分類する
FAST（Functional Assessment Staging）	主にアルツハイマー型認知症のADL（日常生活動作）を評価するために用いられる、行動観察式の評価スケール。検査の結果については、「認知機能の障害なし（臨床診断は正常）」から「非常に高度の認知機能低下（高度のアルツハイマー型）」までの7段階に分類する

認知症の非薬物療法

リアリティ・オリエンテーション（現実見当識訓練）	見当識障害のある人に、日時や場所、名前などの情報を繰り返し質問することで、現実に対する感覚や認識を高める訓練。1日の流れのなかで適宜はたらきかけをしていく方法（24時間リアリティ・オリエンテーション）と、グループを組んで行う方法（教室リアリティ・オリエンテーション）がある。認知症に限らず、混乱状態にある人、せん妄のある人にも適用される
回想法	比較的保たれている幼少時の記憶などを引き出すことで、人生を振り返り、認知症高齢者の心の安定を図る心理療法。リアリティ・オリエンテーション同様、個人に対して行う場合と、グループを組んで行う場合がある。グループの場合、当事者同士がコミュニケーションを深めるきっかけともなり、共感し合うことで、心のはたらきを豊かにすることが期待される

主な認知症ケア・認知症対策の種類とその特徴

認知症カフェ	認知症の人、その家族、地域住民、専門職などが参加し、集う場
認知症疾患医療センター	都道府県や政令指定都市が指定する病院に設置され、認知症の鑑別診断や医療機関等の紹介などを行う機関
認知症初期集中支援チーム	専門医、保健師、看護師、社会福祉士などの医療・保健・福祉の専門職で構成され、認知症の疑いがある者、認知症がある者、家族介護者を対象に、アセスメントや家族支援などの包括的かつ集中的な初期支援を行う
若年性認知症自立支援ネットワーク会議	都道府県が開催する、若年性認知症の人の状態に合わせた適切な支援が図れるよう、医療、介護、福祉、雇用の関係者が連携するネットワークを構築するための会議
認知症サポーター	認知症を理解し、認知症の人やその家族への見守りなどを行う市民ボランティア

認知症施策推進大綱

認知症施策推進関係閣僚会議が2019（令和元）年６月18日にとりまとめたもので、５つの具体的な施策を掲げ、その目標を設定している。

基本的な考え方	認知症の発症を遅らせ、認知症になっても希望をもって日常生活を過ごせる社会を目指し認知症の人や家族の視点を重視しながら「共生」と「予防」を車の両輪として施策を推進する
具体的な施策	❶普及啓発・本人発信支援 ❷予防 ❸医療・ケア・介護サービス・介護者への支援 ❹認知症バリアフリーの推進・若年性認知症の人への支援・社会参加支援 ❺研究開発・産業促進・国際展開

一問一答 ＋穴埋めドリル！

1 認知症の症状

Q 001 □□
認知症による物忘れは、加齢による物忘れと比べて、物忘れの〔　　〕がない。

Q 002 □□
実行機能障害は、〔　　〕症状に含まれる。

Q 003 □□
暴力行為は、認知症の〔　　　　　　〕症状（BPSD）に含まれる。

Q 004 □□
時間や場所、人物に対する認識が失われる障害を、〔　　　〕障害という。

Q 005 □□
相手の言葉を理解できない状態を、〔　　〕という。

Q 006 □□
運動機能には障害などがなく、その行為の内容を理解しているのにもかかわらず、思うような行動、目的に沿った動作がとれなくなる症状を、〔　　〕という。

Q 007 □□
感覚機能は正常な状態なのに、見たり聞いたりしたことがなんなのか、正しく認識できなくなる症状を、〔　　〕という。

Q 008 □□
周囲から物音が聞こえてくると、食事を中断したままになるという行動は、認知症の〔　　〕障害に該当する。

A 001
自覚

認知症による物忘れは、加齢による物忘れと比べて、物忘れの自覚がない、物忘れの程度が進行する、日常生活に明らかな支障がでるといった特徴がある。

A 002
中核

認知症の中核症状には、実行機能障害、失語、失行、失認、判断力の低下、見当識障害、記憶障害などがある。

A 003
行動・心理

認知症の行動・心理症状（BPSD）には、暴力行為、徘徊、抑うつ状態、昼夜逆転などがある。

A 004
見当識

見当識障害は、時間（今が何時か、何年の何月何日かが分からなくなる）や場所（今いる場所が、どこなのか分からなくなる）、人物（自分や人の名前が分からなくなり、家族も含めたまわりの人との関係も認識できなくなる）に対する認識が失われる障害である。

A 005
失語

失語では、聴覚そのものに異常はなくても、相手の言葉を理解できない、言葉がうまく出て来ない、といった症状が現れる。

A 006
失行

失行には、動作の内容は理解できても、順序立てて行うことができない観念失行、図形や絵を、思いどおりに描くことができない構成失行、衣服を思いどおりに着ることができない着衣失行などがある。

A 007
失認

失認には、ものの位置関係が分からなくなる視空間失認、鏡に映った人物が自分だと認識できなくなる鏡現象などがある。

A 008
注意

認知症の中核症状の１つである注意障害では、周囲から物音が聞こえてくると、食事を中断したままになるという行動がみられる。

Q 009 □□
不適切な〔　　〕の使用は、認知症の行動・心理症状（BPSD）が出現する要因となる。

2　仮性認知症の理解

Q 010 □□
うつ病に伴って認められる仮性認知症の場合、〔　　〕症状として食欲低下や不眠などがみられる。

Q 011 □□
うつ病に伴って認められる仮性認知症では、症状に〔　　〕変動がみられることが多い。

Q 012 □□
せん妄は、〔　　〕障害の一種である。

Q 013 □□
せん妄の治療は、その〔　　〕に合わせて行うことが基本である。

Q 014 □□
薬の〔　　〕が原因となって、せん妄を生じることがある。

3　若年性認知症

Q 015 □□
若年性認知症は、〔　　〕歳以下の年齢で発症した認知症である。

Q 016 □□
若年性認知症では、作業能率の低下など、〔　　〕障害が先行して生じることが少なくない。

A 009
薬物

認知症の行動・心理症状（BPSD）が出現する要因には、便秘やがん性疼痛などの身体症状、睡眠障害、不適切な生活習慣、不適切な薬物の使用などがある。

A 010
身体

うつ病に伴って認められる仮性認知症では、食欲低下、気力低下、不眠や頭痛などの身体症状がみられやすい。なお、症状は、急速に進行することが多い。

A 011
日内

うつ病は、症状に日内変動がみられるという特徴があり、夕方に比べ朝方に体調が悪くなりやすい。

A 012
意識

せん妄は、意識障害の一種で、軽度の意識混濁に幻覚、妄想、不安、興奮などを伴った状態であり、せん妄症状が出現している際の出来事はほぼ覚えていない。

A 013
誘因

せん妄の誘因には、睡眠障害、環境の変化、脱水、手術の既往など多岐にわたることから、その誘因に合わせた治療を行うことが基本である。

A 014
副作用

せん妄は、薬の副作用、糖尿病の低血糖、脱水症、感染症、栄養失調、手術の影響などが原因となって生じるものである。

A 015
64

若年性認知症は、64歳以下の年齢で発症した認知症をいう。

A 016
実行機能

若年性認知症では、作業能率の低下など、実行機能障害が先行して生じることが少なくないため、仕事上のミスが目立つなどの社会生活上に問題がみられやすくなる。

Q 017 □□ 若年性認知症と後期高齢者の認知症を比べると、若年性認知症の方が症状の進行が〔　　〕。

Q 018 □□ 若年性認知症の場合は、認知症であることを早期に〔　　〕することが難しい。

Q 019 □□ 若年性アルツハイマー型認知症では、失認などの〔　　〕症状を認めることが多い。

Q 020 □□ 若年性認知症の原因で最も多いのは、〔　　　　　　　〕認知症である。

---

4 アルツハイマー型認知症

Q 021 □□ アルツハイマー型認知症では、〔　　　〕以降に失禁がみられやすい。

Q 022 □□ アルツハイマー型認知症の有病率を性別でみると、〔　〕性の方が多くなっている。

Q 023 □□ アルツハイマー型認知症の、もの盗られ妄想は、本人の〔　　〕から生じることが多い。

Q 024 □□ アルツハイマー型認知症が進行した場合、〔　　　　〕状態になることがある。

A 017
速い

若年性認知症と後期高齢者の認知症とを比べると、若年性認知症の方が症状の進行が速い。なお、若年性認知症の人が取得できる障害者手帳は、精神障害者保健福祉手帳である。

A 018
自覚

若年性認知症の場合は、その症状がうつ病、更年期障害、疲れ、ストレスなどによるものととらえてしまい、専門機関への受診が遅れることが少なくない。

A 019
神経

若年性アルツハイマー型認知症では、失認などの神経症状が認められることが多く、症状の進行が急速であることも少なくない。

A 020
アルツハイマー型

2020（令和２）年に公表された「若年性認知症実態調査結果概要」（厚生労働省）によると、若年性認知症の原因となる疾患で最も多いのはアルツハイマー型認知症（52.6％）で、次いで血管性認知症（17.1％）、前頭側頭型認知症（9.4％）、外傷による認知症（4.2％）、レビー小体型認知症／パーキンソン病による認知症（4.1％）の順となっている。

A 021
中等度

アルツハイマー型認知症の場合、初期では見当識障害、もの盗《と》られ妄想、実行機能障害などがみられ、中等度以降に失禁が見られる傾向にある。

A 022
女

アルツハイマー型認知症は、男性よりも女性に多くみられる。

A 023
不安

記憶障害により近時記憶が不鮮明となり、物を置いた場所が分からなくなってしまったという不安や混乱を理由として、もの盗られ妄想が生じることが多い。

A 024
寝たきり

アルツハイマー型認知症が進行して重度になると、摂食、着替え、意思疎通などができなくなり、寝たきり状態となる。

Q 025 □□ 軽度のアルツハイマー型認知症では、炊事の自立困難といった〔　　　　〕障害がみられる。

Q 026 □□ 初期のアルツハイマー型認知症における認知機能障害では、〔　　　　〕記憶が障害される。

Q 027 □□ アルツハイマー型認知症の薬物療法で用いる薬によっては、その副作用として、〔　　　　〕症候群が現れることがある。

5 血管性認知症

Q 028 □□ 血管性認知症の有病率を性別でみると、〔　〕性の方が多くなっている。

Q 029 □□ 血管性認知症は、糖尿病などの〔　　　　〕が原因となっていることが多い。

Q 030 □□ 血管性認知症では、〔　　〕失禁がみられる。

Q 031 □□ 血管性認知症の場合、〔　　〕は保たれる傾向にある。

Q 032 □□ 血管性認知症の初期では、めまいなどの〔　　〕症状がみられることがある。

Q 033 □□ 血管性認知症では、適切な治療やリハビリテーションにより、〔　　〕機能が改善した例もある。

A 025
実行機能

軽度のアルツハイマー型認知症では、もの盗られ妄想、実行機能障害、見当識障害などがみられやすい。実行機能障害の1つとして、炊事の自立困難がある。

A 026
エピソード

初期のアルツハイマー型認知症における認知機能障害では、エピソード記憶が障害される点が特徴的である。

A 027
パーキンソン

アルツハイマー型認知症の薬物療法で用いるドネペジル塩酸塩の副作用として、パーキンソン症候群がある。

A 028
男

血管性認知症は、女性と比較して男性に多く認められる。

A 029
生活習慣病

血管性認知症は生活習慣病が原因となることが多い。そのため、生活習慣病の予防を図ることは、血管性認知症の予防にもつながる。

A 030
情動（感情）

血管性認知症では、些細なことで涙を流したり、怒ったりする情動失禁（感情失禁）がみられる。

A 031
人格

血管性認知症の場合、人格は比較的保たれる傾向にある。一方、アルツハイマー型認知症や前頭側頭型認知症では、人格変化を認めることが多い。

A 032
自覚

血管性認知症の初期では、頭痛、めまい、ふらつきといった自覚症状がみられる場合がある。

A 033
認知

血管性認知症の場合、脳の障害部位やその程度によって、適切な治療やリハビリテーションなどを実施することで、認知機能が改善する場合もある。

6 レビー小体型認知症

Q 034 □□ レビー小体型認知症は、〔　　　　　〕という異常物質が現れるという特徴がある。

Q 035 □□ レビー小体型認知症の初発症状は、〔　　〕睡眠行動障害である。

Q 036 □□ レビー小体型認知症でみられる幻覚症状の中では、〔　　〕が最も多い。

Q 037 □□ レビー小体型認知症の症状には、〔　　〕変動がみられる。

Q 038 □□ レビー小体型認知症では、手足のふるえなどの〔　　〕症状が現れることが特徴である。

7 前頭側頭型認知症

Q 039 □□ 前頭側頭型認知症では、前頭葉と〔　　　〕に限定して萎縮が起こる。

Q 040 □□ 前頭側頭型認知症の場合には、人格障害や〔　　　〕的行動がみられやすい。

Q 041 □□ 前頭側頭型認知症では、同じ行動を繰り返す〔　　　　〕がみられる。

A 034 レビー小体

レビー小体型認知症は、大脳皮質の多数の神経細胞内にレビー小体という異常物質が現れるのが特徴である。

A 035 レム

レビー小体型認知症の初発症状は、夢のなかの行動に応じて、睡眠中にもかかわらず、大声を上げたり、手足を激しく動かしたりしてしまうレム睡眠行動障害である。

A 036 幻視

レビー小体型認知症でみられる幻覚症状の中では、幻視が最も多く、具体的かつ鮮明であるという特徴がある。薄暗い環境下では幻視が出現しやすく、部屋を明るくすると幻視が消えることがある。

A 037 日内

レビー小体型認知症の症状は、１日のなかでも大きく変わりやすい日内変動がみられることが特徴である。

A 038 パーキンソン

レビー小体型認知症では、筋肉の収縮や手足のふるえなど、パーキンソン症状がみられる。

A 039 側頭葉

前頭側頭型認知症では、前頭葉と側頭葉に限定して萎縮が起こる。

A 040 反社会

前頭側頭型認知症では、社会のルールや常識的な規範などが分からなくなり、人格障害や反社会的行動がみられやすい。

A 041 常同行動

前頭側頭型認知症では、常同行動のほか、記憶障害、言語障害などもみられる。常同行動に対しては、本人と周囲の人が納得できる生活習慣を確立するなどの対応が望まれる。

8 その他の認知症原因疾患

Q 042 □□ 正常圧水頭症にみられる認知機能障害は、脳の周囲や脳室内に〔　　　　〕が貯留するために生じる。

Q 043 □□ 正常圧水頭症では、〔　〕失禁が認められる。

Q 044 □□ 正常圧水頭症は、〔　　　　〕手術などで改善が可能な認知症原因疾患である。

Q 045 □□ 慢性硬膜下血腫による認知機能障害は、頭部打撲による硬膜下の出血が徐々に増大し、〔　　〕となって脳を圧迫するために生じる。

Q 046 □□ 健常と認知症の中間にあたる段階を〔　　　　　　〕(MCI)という。

9 認知症に対する検査や治療

Q 047 □□ 改訂長谷川式簡易知能評価スケール（HDS-R）は、〔　　〕方式による認知症のスクリーニングテストである。

Q 048 □□ 改訂長谷川式簡易知能評価スケールは、〔　〕項目の質問で構成されている。

Q 049 □□ ミニ・メンタル・ステイト検査（MMSE）は、〔　　〕項目の質問で構成される認知症簡易検査である。

A 042
脳脊髄液

正常圧水頭症では、脳の周囲や脳室内に脳脊髄液が貯留することにより、認知機能が低下し、認知機能障害がみられるようになる。

A 043
尿

正常圧水頭症では、たまった脳脊髄液が脳を圧迫することで、血管性認知症に似た認知機能低下、歩行障害、尿失禁、意欲の低下などの症状がみられるようになる。

A 044
シャント

正常圧水頭症は、シャント手術などによって改善がのぞめる疾患であることから、早期発見が重要となる。

A 045
血腫

慢性硬膜下血腫では、意識障害、認知機能低下、歩行障害などの症状が現れるが、血腫を除去することで認知機能のレベルが戻る。

A 046
軽度認知障害

軽度認知障害（MCI）は、正常と認知症の中間といえる状態で、認知症の一種ではない。全般的な認知機能は正常に保たれており、日常生活に支障はないが、年間に約1割が認知症に移行するため、ライフスタイルの改善等が重要である。

A 047
面接

改訂長谷川式簡易知能評価スケールは、記憶、見当識、計算などに関する質問からなる面接方式による認知症のスクリーニングテストである。

A 048
9

改訂長谷川式簡易知能評価スケールは、9項目の質問で構成されており、30点満点で20点以下の場合に認知症が疑われる。

A 049
11

ミニ・メンタル・ステイト検査は、11項目の質問で構成される認知症簡易検査である。30点満点で23点以下の場合に認知症が疑われる。

Q 050 □□
ミニ・メンタル・ステイト検査には、「ここはどこですか」といった〔　　〕を確認する質問が含まれている。

Q 051 □□
軽度の認知症の人に、日付、季節、天気、場所などの情報をふだんの会話の中で伝えて認識してもらう治療のことを、〔　　　　　　　　〕（現実見当識訓練）という。

Q 052 □□
軽度認知障害のCDR（Clinical Dementia Rating）のスコアは、〔　　〕である。

Q 053 □□
FAST（Functional Assessment Staging）は、〔　　　〕型認知症の重症度判定に用いる。

Q 054 □□
回想法では、利用者が語る内容の〔　　〕性は重要視しない。

Q 055 □□
バリデーションに基づく、認知症の人の動きや感情に合わせるコミュニケーション技法を〔　　　　　　〕という。

Q 056 □□
バリデーションに基づく、認知症の人の過去の出来事について質問することで、昔話を語ってもらうコミュニケーション技法を〔　　　　　〕という。

10 認知症ケア・認知症対策

Q 057 □□
認知症の人、その家族、地域住民、専門職などが参加し、集う場を、〔　　　　　〕という。

A 050
場所

ミニ・メンタル・ステイト検査には、「ここは何県ですか」「ここは何市ですか」「ここはどこですか」というような場所を確認する質問が含まれている。

A 051
リアリティ・オリエンテーション

軽度の認知症の人に、日付、季節、天気、場所などの情報をふだんの会話の中で伝えて認識してもらう治療のことを、リアリティ・オリエンテーション（現実見当識訓練）という。1日の流れのなかで適宜はたらきかけをしていく方法（24時間リアリティ・オリエンテーション）と、グループを組んで行う方法（教室リアリティ・オリエンテーション）がある。

A 052
0.5

CDRは、行動観察により認知症の重症度を評価するもので、「健康（0）」「認知症の疑い（0.5）」「軽度（1）」「中等度（2）」「重度（3）」の5段階に分類される。軽度認知障害のスコアは0.5で、「認知症の疑い」に相当する。

A 053
アルツハイマー

FASTは、主にアルツハイマー型認知症のADL（日常生活動作）を評価するために用いられる。「認知機能の障害なし（臨床診断は正常）」から「非常に高度の認知機能低下（高度のアルツハイマー型）」までの7段階に分類する。

A 054
正確

回想法では、利用者が思い出話を語ることが重要であり、その内容の正確性は重要ではない。

A 055
カリブレーション

カリブレーションは共感という意味で、相手の動きや感情を観察し、自分の感情を一致させる技法をいう。感情状態の変化に合わせて柔軟に対応し、適切なサポートを提供することが重要。

A 056
レミニシング

レミニシングは、過去の出来事や経験を振り返りながらコミュニケーションする手法をいう。過去の思い出や体験に基づいて話すことで、認知症高齢者との結びつきを強化し、自尊心を促進することが期待される。

A 057
認知症カフェ

認知症カフェとは、認知症の人、その家族、地域住民、専門職などが参加し、集う場をいう。専門職は、認知症カフェを認知症の人やその家族の状況を把握するために活用することもできる。

Q 058 □□ 認知症サポーターは、認知症に対する正しい知識と〔　　〕をもち、認知症の人を支援する。

Q 059 □□ ステップアップ講座を受講した認知症サポーターには、チーム〔　　　　〕への参加が期待されている。

Q 060 □□ 認知症の人の状態に応じた適切なサービス提供の流れをまとめたものを、認知症〔　　　　〕という。

Q 061 □□ 認知症初期集中支援チームの対象者は、原則として〔　　〕歳以上で、在宅で生活しており、かつ認知症が疑われる、または認知症の人である。

Q 062 □□ 若年性認知症自立支援ネットワーク会議は、〔　　　　〕が開催する。

Q 063 □□ 認知症施策推進大綱の5つの柱に示されているものの1つとして、普及啓発・〔　　　　〕支援がある。

Q 064 □□ 認知症施策推進大綱で示されている〔　　〕とは、「認知症になるのを遅らせる」などの意味で用いられている。

A 058
理解

認知症サポーターは、認知症サポーター養成講座を受講したものであり、認知症に対する正しい知識と理解をもち、認知症の人を支援する役割がある。

A 059
オレンジ

チームオレンジとは、ステップアップ講座を受講した認知症サポーターが中心となって支援チームをつくり、認知症の人やその家族に対して具体的な支援をつなぐ仕組みをいう。

A 060
ケアパス

認知症ケアパスとは、認知症の人やその家族が、いつ、どこで、どのような医療・介護サービスが受けられるのか、認知症の容態や段階に応じたサービス提供の流れを示したものである。

A 061
40

認知症初期集中支援チームの支援対象は、40歳以上で、自宅で生活している認知症の人や認知症が疑われている人であって、医療サービス、介護サービスを受けていない人、または中断している人で、①認知症疾患の臨床診断を受けていない人、②継続的な医療サービスを受けていない人、③適切な介護保険サービスに結びついていない人、④診断されたが介護サービスが中断している人のいずれかに該当する人か、医療サービス、介護サービスを受けているが認知症の行動・心理症状が顕著なため、対応に苦慮している人、のいずれかに該当する人である。

A 062
都道府県

都道府県は、若年性認知症の人の状態に合わせた適切な支援が図れるよう、医療、介護、福祉、雇用の関係者が連携するネットワークを構築するための会議として、若年性認知症自立支援ネットワーク会議を開催する。

A 063
本人発信

認知症施策推進大綱は、2019（令和元）年6月に「新オレンジプラン」の後継として策定された。施策の進捗を確認するものとして、①普及啓発・本人発信支援、②予防、③医療・ケア・介護サービス・介護者への支援、④認知症バリアフリーの推進・若年性認知症の人への支援・社会参加支援、⑤研究開発・産業促進・国際展開の5つが柱として示されている。

A 064
予防

認知症施策推進大綱で示されている予防とは、「認知症にならない」という意味ではなく、「認知症になるのを遅らせる」や「認知症になっても進行を緩やかにする」という意味で用いられている。

7

障害の理解

ココ!確認  ポイント・チェック!

各法における障害者の定義

障害者基本法	身体障害、知的障害、精神障害（発達障害を含む）その他の心身の機能の障害がある者であって、障害および社会的障壁により継続的に日常生活、社会生活に相当な制限を受ける状態にあるもの
障害者総合支援法	・身体障害者福祉法に規定する身体障害者 ・知的障害者福祉法にいう知的障害者のうち18歳以上である者 ・精神保健福祉法に規定する精神障害者（発達障害者支援法に規定する発達障害者を含む）のうち18歳以上である者 ・治療方法が確立していない疾病その他の特殊の疾病であって政令で定める障害の程度が厚生労働大臣の定める程度である者であって18歳以上である者
身体障害者福祉法	身体上の障害がある18歳以上の者であって、都道府県知事から障害者手帳の交付を受けたもの
精神保健福祉法	統合失調症、精神作用物質による急性中毒またはその依存症、知的障害その他の精神疾患を有する者
発達障害者支援法	自閉症、アスペルガー症候群、その他の広汎性発達障害、学習障害、注意欠陥多動性障害、その他これに類する脳機能の障害であってその症状が通常低年齢において発現するものとして政令で定める者

身体障害者福祉法で定める内部障害

	障害
1	心臓機能障害
2	腎臓機能障害
3	呼吸器機能障害
4	膀胱・直腸機能障害
5	小腸機能障害
6	ヒト免疫不全ウイルスによる免疫機能障害(HIV感染症)
7	肝臓機能障害

各法における手帳の種類

身体障害者手帳	・身体障害者に対して都道府県知事が交付する ・等級は１級から６級
療育手帳	・知的障害者に対して都道府県知事が交付する ・1973年の厚生省（現・厚生労働省）の通知に基づく
精神障害者保健福祉手帳	・精神障害者に対して精神障害者保健福祉手帳の障害等級の審査・判定に基づき、都道府県知事が交付する ・等級は１級から３級 ・２年ごとに更新する必要がある ・他の障害者手帳同様に写真貼付が義務づけられている

精神障害の主な原因・分類

外因性精神障害	脳損傷、全身の病気がもとであるもの、神経の変性疾患に伴うもの、内分泌の異常に伴うもの、外傷に伴うもの。 アルコール依存症など
内因性精神障害	現在では脳の代謝や神経伝達の異常が推定されている。 統合失調症、感情障害など
心因性精神障害	環境やストレスが原因と推定されるもの。 心因反応、PTSD（心的外傷後ストレス障害）など

発達障害の種類

自閉スペクトラム症 （ASD、広汎性発達障害）	コミュニケーション・対人関係・社会性の障害、行動にパターン化がみられる。記憶力が優れている場合もある
限局性学習症 （SLD、学習障害）	知的な発達に遅れがない場合が多い。聞く・読む・書く・計算するなどの能力の１つ、またはいくつかを身につけることに困難が生じる
注意欠如・多動症 （ADHD、注意欠陥多動性障害）	不注意（集中力がない）・他動性（じっとすることができない）・衝動性（善悪を判断せずに行動してしまう）など

高次脳機能障害の主な症状

記憶障害	新しいことを覚えることができない。物の置き場所や、約束を忘れてしまう
注意障害	集中力が保てず、単純なミスが多くなる。同時に 2 つ以上のことをすると混乱する
遂行機能障害	状況に応じた判断ができない。計画を立てて物事を実行することができない
社会的行動障害	感情のコントロールができず、興奮しやすくなったり、不適切な発言をしたりしてしまう
半側空間無視	損傷した脳の部位の反対側（障害されている側）のものを認識できず、見落としてしまう
失語・失行・失認	話すことや言葉の理解が難しい（失語)、思うような動作（着替えなど）ができない（失行)、見たり聞いたりしたことが分からない（失認)

障害受容過程（※障害受容にはいくつかの説がある）

ショック期	受傷直後や術後などの段階であり、自分に障害があるという現実を実感することが難しい時期
否認期	身体的状態が安定するとともに、防衛反応としての疾病・障害の否認が生じる時期
混乱期	現状の不安や将来への恐怖を示すなど、心理的な混乱がみられる時期
努力期	問題の解決に向けて、自らの努力が必要だと気づく時期
受容期	現状を徐々に受け止め、価値の転換によって、社会（家庭）のなかで何らかの新しい役割、活動を通して生きがいを感じるようになる時期

知的障害のある人へのライフステージに応じた支援

乳児期	家族の障害の受容や養育方法の支援を行う
幼児期	子どもが地域での生活に溶け込めるように、幼稚園や保育園への入園などの支援を行う
学童期	生活の拠点が家庭・学校・地域にまたがるなか、放課後の過ごし方について支援を行う
成人期	自立した生活が送ることができるように、就労を目的としたサービスの利用などの支援を行う
壮年期	両親が老年期を迎えることを考慮して、死別後の生活に適応していくための支援を行う
老年期	介護サービスの利用を視野に入れ、住み慣れた地域でくらし続けられるように支援を行う

代表的な適応機制（防衛機制）

種類	内容、例
抑圧	受け入れがたい欲求や感情を意識化させないようにすること 例：嫌なことは無意識のうちに忘れてしまおうとする。
退行	甘えるなど、以前の未熟な状態に逆戻りするような思考や行動をとること 例：妹ができて、上の子が指しゃぶりするなど
逃避	問題に直面したときに、その問題に直面せず、その状況から逃げ出すことで、自分を守ること 例：マラソン大会が嫌で、学校を休むなど
反動形成	本当の自分を隠そうとするために、欲求と反対の行動をとること 例：好きな人にわざといやがらせをするなど
投射	受け入れがたい欲求や感情を、自分からは排除し、他人のなかにあると考え、他人に指摘すること 例：親が子どもを嫌っているのに、子どもが親を嫌っているからと指摘するなど
補償	あるものでの劣等感情を、他のものの優越感で補うこと 例：成績はよくないが、運動は得意であるなど
合理化	自分の失敗や欠点を合理化するため、都合のよい理由づけをすること 例：イソップ物語「すっぱい葡萄」…キツネが葡萄に届かずとれないため、すっぱいという
昇華	社会的には、認められない欲求を、社会的に認められる価値ある形で満たすこと 例：他の国と戦争で競い合うのではなく、オリンピックで競い合うなど
同一化	満たせない欲求を、他者と自分が同一化することによって満たそうとすること 例：他者の優れた部分が自分にもあると信じて行動するなど
置き換え	受け入れがたい感情や欲求を、より受け入れやすい関連のある対象に向けること 例：受け入れられない指示をした上司ではなく、部下に八つ当たりをするなど
代償	欲求が実現できないとき、類似したほかの欲求を実現することで満足すること 例：値段の高いケーキをあきらめて、値段の安いチョコレートを購入するなど

一問一答 ＋穴埋めドリル！

1 視覚障害

Q 001 □□
白内障の場合には、屋外に出たときに〔　　　　〕を強く感じやすい。

Q 002 □□
緑内障は、〔　　〕が上昇して視神経が障害される疾患である。

Q 003 □□
視野障害として、〔　　〕暗点がある。

Q 004 □□
〔　　　〕視野狭窄は、視野の中心部は見えているが、周辺部が見えないという特徴がある。

Q 005 □□
加齢黄斑変性では、〔　　〕に至る場合もある。

2 聴覚障害

Q 006 □□
難聴は、伝音性難聴と〔　　〕性難聴に大別できる。

Q 007 □□
老人性難聴は、〔　　〕性難聴に分類される。

Q 008 □□
聴覚障害者と、〔　　〕によってコミュニケーションを図る場合は、相手との距離を通常１～1.5mくらいにする。

A 001 まぶしさ

白内障は、屋外に出たときにまぶしさを強く感じ、周囲の様子が見えにくくなりやすい。そのため、移動の際は、声かけをしながら支援を行うとよい。

A 002 眼圧

緑内障は、眼圧（眼球の形を保つための圧力）が上昇することで、視神経が障害を受け、視野がせまくなる疾患である。ただし、日本では眼圧が正常で、同様な神経障害を起こす正常眼圧緑内障が多い。

A 003 中心

視野障害には、中心暗点、求心性視野狭窄、同名半盲、異名半盲などがある。

A 004 求心性

求心性視野狭窄では、視野の中心部は見えているが、周辺部が見えない。一方、中心暗点は、視野の周辺部は見えているが、中心部が見えないのが特徴である。

A 005 失明

加齢黄斑変性は、高齢者の重篤な視力障害の原因の１つであり、視力低下だけでなく、失明につながる場合もある。

A 006 感音

難聴は、外耳から中耳にかけた障害を原因とする伝音性難聴と、内耳や聴覚神経の障害を原因とする感音性難聴に大別される。

A 007 感音

老人性難聴は、感音性難聴に分類される。

A 008 空書

聴覚障害者と、空書によってコミュニケーションを図る場合は、相手との距離を通常１～1.5mくらいにするほか、楷書でゆっくり、はっきり書くことが望ましい。

Q 009 □□ 〔　　〕性難聴の原因には、加齢、音響外傷、ウイルス感染などがある。

Q 010 □□ 伝音性難聴の場合には、伝わる音に〔　　　〕は生じない。

Q 011 □□ 感音性難聴の場合には、伝わる音が〔　　　〕なる。

3 言語障害

Q 012 □□ 失語症は、脳卒中などが要因となって〔　〕が障害を受けることによって生じるものである。

Q 013 □□ 失語症の場合、あいさつなどの〔　　〕化している言葉は障害されにくい。

Q 014 □□ 運動性失語がある利用者の場合、基本的に〔　　〕には問題がないので大きな声で話しかける必要はない。

Q 015 □□ 〔　　〕性構音障害は、手術などによって症状が緩和する場合がある。

Q 016 □□ 構音障害がある場合、〔　　〕障害を合併することがある。

4 精神障害

Q 017 □□ 統合失調症は、〔　　〕性の精神障害に分類される。

A 009
感音

加齢、音響外傷、ウイルス感染などが原因で生じるのは、**感音性難聴**である。**伝音性難聴**の原因には、滲出性中耳炎、先天異常、鼓膜·耳小骨《じしょうこつ》損傷などがある。

A 010
ゆがみ

伝音性難聴の場合には、伝わる音が**小さく**なるが、伝わる音に**ゆがみ**は生じない。

A 011
小さく

感音性難聴は、伝わる音が**小さく**なるほか、伝わる音に**ゆがみ**も生じるという特徴がある。

A 012
脳

失語症は、脳卒中などが要因となって脳が障害を受けることによって生じるものであり、障害を受けた脳の領域によって、**運動性失語**（**ブローカ失語**）、**感覚性失語**（**ウェルニッケ失語**）に区分される。

A 013
定型

失語症の場合であっても、あいさつなどの**定型化**している言葉は障害されにくい傾向にある。

A 014
聴覚

運動性失語がある利用者の場合、発語ができず、読み書きもできないが、**聴覚**には基本的に問題はないので、大きな声で話しかける必要はない。

A 015
器質

器質性構音障害は、**口腔形態**の異常により構音障害を生じるものをいい、手術などによって症状が緩和する場合もある。

A 016
嚥下

構音障害がある場合、**嚥下障害**を合併することがあるため、誤嚥予防を図っていくことが望ましい。

A 017
内因

内因性精神障害とは、統合失調症や双極性障害などのように、原因がはっきりとせず、先天的な要因が関わっていると考えられる精神障害をいう。

Q 018 □□
誰かに支配されているような感覚を抱くことは、統合失調症の〔　〕性症状に含まれる。

Q 019 □□
老年期のうつ病は、若年期のうつ病に比べ、〔　　〕の落ち込みが目立ちにくい。

Q 020 □□
うつ病で活動性が低下している利用者の訴えに対しては、〔　　〕的に接する。

Q 021 □□
うつ病で活動性が低下している利用者に対して〔　　　〕ことは、精神的な負担となる場合があるので控える。

5 発達障害

Q 022 □□
広汎性発達障害がある人は、〔　　〕能力が低く、変化に対する不安が強い。

Q 023 □□
広汎性発達障害がある人は、特定のものに対する〔　〕が強い傾向にある。

Q 024 □□
広汎性発達障害がある人は、他人と〔　　〕して作業をすることが苦手である。

Q 025 □□
自閉症の特性として、〔　　〕関係の形成に障害がある点が挙げられる。

Q 026 □□
学習障害の特徴として、聞く、話す、読む・書く・〔　　〕する、推論するなどの習得に困難がある。

A 018
陽
誰かに支配されているような感覚を抱くといった妄想は、統合失調症の陽性症状に含まれる。

A 019
気分
老年期のうつ病は、若年期のうつ病に比べ、不安や焦燥感が強く現れることが多いが、気分の落ち込みは目立ちにくい。

A 020
受容
うつ病で活動性が低下している利用者の訴えに対しては、受容的に接し、共感的な理解を示すことなどによって、安心感をもってもらうことが大切である。

A 021
励ます
うつ病で活動性が低下している利用者に対して励ますことは、精神的な負担となり、症状の悪化につながるおそれがある。

A 022
適応
広汎性発達障害の場合には、社会性の発達に障害がみられ、変化への適応能力が低く、変化に対する不安が強い。

A 023
こだわり
広汎性発達障害の場合には、興味や関心の限定と行動のこだわりがみられる。

A 024
協調
広汎性発達障害がある人は、社会性やコミュニケーションに問題がみられるため、相手の意図を読み取ることや他人と協調して作業することが苦手である。

A 025
対人
自閉症の場合、対人関係の形成に障害があるため、社会性やコミュニケーションなどに問題を抱えやすい。

A 026
計算
学習障害は発達障害のひとつで、聞く、話す、読む、書く、計算する、推論するといった学習能力のうち、特定の能力に障害がみられるものをいう。

6 知的障害

Q 027 □□ 知的障害は、通常、〔　　〕期に生じる障害である。

Q 028 □□ 知的障害は、知的機能の障害および〔　　　　〕の支障によって特徴づけられる。

Q 029 □□ 知的障害の有病率を性別でみると、〔　〕性のほうが高い。

Q 030 □□ 知的障害をライフステージ別にみると、〔　　　〕期には、家族の障害受容を支援することが望ましい。

Q 031 □□ 知的障害をライフステージ別にみると、〔　　〕期には、親と死別した後の生活への適応を支援することが望ましい。

7 高次脳機能障害

Q 032 □□ 高次脳機能障害の原因疾患として、交通事故による〔　〕の損傷などがある。

Q 033 □□ 高次脳機能障害において、物の置き場所や約束を忘れるのは、〔　　〕障害によるものである。

Q 034 □□ 高次脳機能障害において、ちょっとしたことですぐ興奮して怒鳴るのは、〔　　　　　〕障害によるものである。

Q 035 □□ 高次脳機能障害において、決まった方法にこだわり、状況に応じた判断ができないのは、〔　　　　〕障害によるものである。

A 027　知的障害とは、通常、発達期に生じる障害、知的機能の制約、精神遅滞により適応行動が困難である状態をいう。
発達

A 028　知的障害は、知的機能に障害があること、日常生活に支障をきたすこと、適応行動が困難であることなどによって特徴づけられる。
日常生活

A 029　「平成28年生活のしづらさなどに関する調査」の知的障害者数（療育手帳所持者数）を性別にみると、女性よりも男性のほうが高い有病率を示している。
男

A 030　知的障害をライフステージ別にみると、家族の障害受容を支援するのは、主に乳幼児期である。
乳幼児

A 031　知的障害をライフステージ別にみると、壮年期には、死別の克服に向けた心理ケアや、死別後の生活への適応に向けた支援などが実施される。
壮年

A 032　高次脳機能障害の原因疾患は、脳炎や脳出血、交通事故による脳の損傷などである。
脳

A 033　高次脳機能障害において、物の置き場所や約束を忘れるのは、記憶障害によるものである。そのほか、高次脳機能障害には、注意障害、社会的行動障害、遂行機能障害などがみられる。
記憶

A 034　高次脳機能障害において、ちょっとしたことですぐ興奮して怒鳴るのは、社会的行動障害によるものである。この社会的行動障害には、依存傾向、感情コントロールの低下、固執性などが含まれる。
社会的行動

A 035　高次脳機能障害の遂行機能障害は、決まった方法にこだわり、状況に応じた判断ができないことや、日常生活や仕事の内容を計画して実行できないことなどが特徴である。
遂行機能

Q 036 □□ 高次脳機能障害でみられる〔　　　　　　　　〕では、患側の空間に注意が向かない。

8 難病の種類とその特徴

Q 037 □□ 筋ジストロフィーは、骨格筋に現れる〔　　　　〕の異常により、筋線維が変性・壊死することで発症する。

Q 038 □□ 脊髄小脳変性症では、進行すると筋肉の働きが次第に衰えてくる〔　　　　　〕が起こる。

Q 039 □□ パーキンソン病でみられる4大運動症状とは、安静時振戦、筋固縮、無動・寡動、〔　　　　　〕障害である。

Q 040 □□ 進行性核上性麻痺では、思考の遅延や無感情などの〔　　〕機能低下を早期から認めやすい。

Q 041 □□ 筋萎縮性側索硬化症（ALS）では、〔　　　〕運動や肛門括約筋、知覚神経は末期まで保たれる。

9 障害受容の過程

Q 042 □□ 障害受容過程の5つの心理過程のうち、最初の段階は〔　　　〕期である。

Q 043 □□ 障害受容過程の5つの過程において、最終ステージは〔　　〕期となる。

A 036 半側空間無視

高次脳機能障害の症状である半側空間無視は、患側の空間に注意が向かないことが特徴である。壁にぶつかる、物につまずいて転倒するなどのおそれがある。

A 037 遺伝子

筋ジストロフィーは、骨格筋に現れる遺伝子の異常が原因となり、筋線維が変性・壊死することで発症する。

A 038 運動失調

脊髄小脳変性症でみられる運動失調では、歩行時のふらつき（失調性歩行）や動作時の手のふるえのほか、ろれつが回らないといった言語機能障害もみられる。

A 039 姿勢反射

パーキンソン病は、脳の黒質の神経細胞の変性消失により、安静時振戦、筋固縮、無動・寡動、姿勢反射障害の４大運動症状を呈する疾患である。そのほか、精神症状や自律神経症状もみられる。

A 040 認知

進行性核上性麻痺の場合は、早期から認知機能低下がみられやすい。ただし、見当識や記憶力については比較的維持される傾向にある。

A 041 眼球

筋萎縮性側索硬化症（ALS）では、眼球運動障害、膀胱・直腸障害、感覚障害、褥瘡が通常現れない。この徴候をALSの４大陰性徴候という。

A 042 ショック

障害受容過程の５つの心理過程は、①ショック期 → ②否定期 → ③混乱期 → ④解決への努力期 → ⑤受容期の５段階となっている。

A 043 受容

障害受容の過程は、ショック期に始まり、最終的に受容期に進むものであるが、障害に対する治療が思うように進まないなど、その者の心身状態や環境の変化などによって、前の段階に戻ることもある。

Q 044 □□ 障害受容過程の〔　　　　　〕期では、現実を実感することが難しい。

Q 045 □□ 障害受容過程では、〔　　〕期になると、他人に感情をぶつけるといった行動がみられる。

Q 046 □□ 障害に対する価値観を転換し、積極的な生活態度になるのは、障害受容過程の〔　　〕期である。

10 適応機制（防衛機制）

Q 047 □□ 〔　　〕とは、個人と環境との間で調和のある満足すべき関係が成立し、その関係が維持されている状態のことをいう。

Q 048 □□ 〔　　　〕とは、自分がとった葛藤を伴う言動について、一見もっともらしい理由づけをすることをいう。

Q 049 □□ 〔　　〕とは、社会から承認されそうもない欲求を、社会から承認されるものに置き換えて充足させることをいう。

Q 050 □□ 〔　　　　〕とは、他者の中にある価値観、感情、特性などを自分の内部にもあるととらえ、受け入れることをいう。

Q 051 □□ 〔　　〕とは、不得意な分野における劣等感を、ほかの分野における優越感で補おうとすることをいう。

Q 052 □□ 〔　　〕は、受身的で、子どものように振る舞うことで心理的安定を図ろうとすることをいう。

Q 053 □□ 〔　　〕とは、身体機能の低下に対する不安や悲しみを、自分が経験しているのではなく、友人のことだと考えることで心理的安定を図ろうとすることをいう。

A 044
ショック

障害受容過程のショック期は、受傷直後や術後などの段階であり、自分に障害があるという現実を**実感**することが難しい。

A 045
混乱

障害受容過程の**混乱期**では、他人に感情をぶつけるといった行動がみられる。その後、自らの努力が必要だと感じるようになる**解決の努力期**を経て、**受容期**に移行する。

A 046
受容

受容期は、障害があるという**現実**を受け入れ、人生の新しい**目標**をもち、それに向かい進んでいく段階である。

A 047
適応

適応を図るための行動には、**環境**に自分を合わせようとする消極的な面だけではなく、**環境**に積極的に働きかける面もある。

A 048
合理化

合理化とは、自分の失敗などについて、一見もっともらしい理由づけをして、自分を**正当化**することをいう。

A 049
昇華

社会から承認されそうもない欲求を、社会から承認されるものに置き換えて充足させることは、**昇華**である。

A 050
取り入れ

他者の中にある価値観、感情、特性などを自分の内部にもあるととらえ、受け入れることは、**取り入れ**である。

A 051
補償

不得意な分野における劣等感を、ほかの分野における優越感で補おうとすることは、**補償**である。

A 052
退行

受身的で、子どものように振る舞うことで心理的安定を図ろうとすることは、**退行**である。

A 053
投射（投影）

身体機能の低下に対する不安や悲しみを、自分が経験しているのではなく、友人のことだと考えることで心理的安定を図ろうとすることは**投射（投影）**である。

8

医療的ケア

ココ!確認  ポイント・チェック!

医療的ケアの範囲

喀痰吸引	口腔《こうくう》内の喀痰吸引（咽頭《いんとう》の手前までを限度とする）
	鼻腔《びくう》内の喀痰吸引（咽頭の手前までを限度とする）
	気管カニューレ内部の喀痰吸引
経管栄養	胃瘻《いろう》または腸瘻《ちょうろう》による経管栄養（状態に問題がないことの確認を、医師または看護職員が行う）
	経鼻経管栄養（栄養チューブが正確に胃の中に挿入されていることの確認を、医師または看護職員が行う）

喀痰吸引の実施

□人工呼吸の方法

侵襲的人工呼吸療法	気管切開を行ったうえで気管カニューレを挿入する方法
非侵襲的人工呼吸療法	口鼻をマスクで覆う方法

□チューブの挿入

口腔内と鼻腔内の喀痰吸引	吸引圧をかけず、静かにチューブを挿入する
気管カニューレ内部の喀痰吸引	少し圧をかけた状態でチューブを挿入する

□気管カニューレの保管法

・原則：１回ごとに使い捨て
・乾燥法：ふた付きの乾燥容器で保管する方法
・浸漬《しんし》法：消毒液に浸して保管する方法

経管栄養の実施

〈準備段階での留意点〉

・利用者への説明、同意
・医師の指示書、看護職からの引継ぎ事項の確認
・利用者の体位：30～45度程度の半座位（ファーラー位）
・栄養剤：液体状の栄養剤・ゼリー状の半固形化栄養剤を用意。常温程度の温かさで使用
・器具／器材：注入部位から50cm程の高さにイルリガートル（イリゲーター）を設置できるよう、点滴スタンドを調節

〈実施方法〉

・利用者の氏名（本人確認）、栄養剤の種類や注入量、温度、注入開始時間、注入時間を確認
・イルリガートルに栄養点滴チューブをつなぐとき、チューブのクレンメ（滴下量・滴下速度を調節するための器具）が閉じられていることを確認する → イルリガートルに栄養剤を入れ、チューブの途中にある点滴筒に半分ほど栄養剤が満たされたら、クレンメを開く → チューブの先端にまで栄養剤を満たし、クレンメを閉じる
・実施中、実施後も利用者に声がけを行う

胃瘻の種類と特徴

種類	利点	欠点
ボタン型バルーン	自己抜去しにくい チューブ交換が容易	ボタンが開閉しづらい バルーンが破裂し短時間で交換となることがある
ボタン型バンパー	自己抜去しにくい カテーテルが抜けにくい	ボタンが開閉しづらい 交換時に痛みを伴う
チューブ型バルーン	栄養チューブとの接続が容易 チューブの交換が容易	自己抜去しやすい バルーンが破裂し短時間で交換となることがある
チューブ型バンパー	栄養チューブとの接続が容易 カテーテルが抜けにくい	自己抜去しやすい 交換時に痛みを伴う

一問一答 ＋穴埋めドリル！

1 医療的ケアの基礎知識

Q 001 □□

違法と推定される行為であるが、やむを得ない必要な措置として運用されることを〔　　　　　　　　〕という。

Q 002 □□

介護職に、喀痰吸引および経管栄養の実施が認められたのは、〔　　　　〕年の社会福祉士及び介護福祉士法の改正によってである。

Q 003 □□

喀痰吸引等を実施する訪問介護事業所として登録するときに、事業所が行うべき事項として医療関係者との〔　　〕の確保がある。

Q 004 □□

利用者に対して説明して同意を得ることを〔　　　　　　　　〕という。

Q 005 □□

パルスオキシメータは、簡便に〔　　〕血の酸素飽和度が測定できる機器である。

Q 006 □□

健康な人がパルスオキシメータで測定した場合の基準値は〔　　〕～100%である。

Q 007 □□

すべての微生物を殺滅することを、〔　　〕という。

A 001
実質的違法性阻却

違法と推定される行為であるが、やむを得ない必要な措置として運用されることを実質的違法性阻却といい、医療的ケアが法制度化される前は、実質的違法性阻却論のもと実施されてきた経緯がある。

A 002
2011（平成23）

喀痰吸引、経管栄養は、本来であれば医師等のみに認められた医行為の一部であるが、2011（平成23）年の社会福祉士及び介護福祉士法の改正により、翌年4月1日より、介護福祉士を含む介護職には、医師の指示の下、喀痰吸引および経管栄養を実施することができるようになった。

A 003
連携体制

医療的ケアを実施する事業者は、事業所ごとに、登録喀痰吸引等事業者として都道府県知事の登録を受ける必要がある。事業者の登録要件のひとつに、医療関係者（医師や看護職）との連携体制の確保と役割分担が挙げられている。

A 004
インフォームドコンセント

インフォームドコンセントとは、利用者に対して説明して同意を得ることである。医療的ケアを実施する際にもこのインフォームドコンセントが必要となる。

A 005
動脈

パルスオキシメータは、簡便に動脈血の酸素飽和度が測定できる機器である。ただし、貧血、末梢循環不全、濃いマニキュアを爪に塗っているなどの場合は、数値の信頼性が乏しくなる。

A 006
95

健康な人がパルスオキシメータで測定した場合の基準値は95～100％である。

A 007
滅菌

滅菌とは、すべての微生物を殺滅することをいい、その手段には、高圧蒸気、酸化エチレンガス、放射線などがある。なお、病原性の微生物を害のない程度まで死滅させることを消毒という。

Q 008 □□ 唾液は、スタンダード〔　　　　　　　〕において、感染する危険性のあるものとして取り扱う対象となる。

2 喀痰吸引の方法

Q 009 □□ 介護福祉士養成課程において、知識・技術を修得し、〔　　　　〕を修了すると、喀痰吸引等を行うことができる。

Q 010 □□ 気管カニューレ内部の喀痰吸引では、滅菌された〔　　〕水を使用する。

Q 011 □□ 気管切開をして人工呼吸器を使用している利用者に喀痰吸引を行う際、〔　　　　　　　〕は抜かない。

Q 012 □□ 気管カニューレ内部の吸引を開始する際は、あらかじめ気管カニューレの周囲の状態などを〔　　〕する。

Q 013 □□ 気管切開をして人工呼吸器を使用している利用者に喀痰吸引を行う際、吸引チューブの挿入の深さは、気管カニューレの〔　　〕を越えないようにする。

Q 014 □□ 気管カニューレ内部の喀痰吸引で、指示された吸引時間よりも長くなった場合、吸引後に注意すべき項目は、〔　　　　　　　〕である。

Q 015 □□ 痰の色が黄色や〔　〕色になった場合、何らかの感染症が疑われる。

A 008
プリコーション

スタンダードプリコーション（標準予防策）において、感染する危険性のあるものとして取り扱う対象となるのは、血液、体液、分泌物（汗を除く）、嘔吐物、排泄物、創傷皮膚、使用済の器具などである。

A 009
実地研修

介護福祉士が喀痰吸引等を行うためには、①喀痰吸引等研修を修了する、②介護福祉士養成課程において、知識・技術を修得し、実地研修を修了する必要がある。

A 010
洗浄

気管カニューレ内部の喀痰吸引では、清潔を保つため、滅菌された洗浄水を使用する。

A 011
気管カニューレ

気管切開をして人工呼吸器を使用している利用者に喀痰吸引を行う際は、気管カニューレを抜かずに、気管カニューレ内にチューブを挿入して吸引する。

A 012
観察

気管カニューレ内部の吸引を開始する際は、あらかじめ気管カニューレの周囲や固定の状態、貯留物の状態などを観察する必要がある。

A 013
先端

気管切開をして人工呼吸器を使用している利用者に喀痰吸引を行う際、吸引チューブの挿入の深さは、気管カニューレの先端を越えない範囲とされている。なお、介護福祉士が医師の指示の下で行う喀痰吸引の範囲は、口腔内・鼻腔内の場合は咽頭の手前までを限度とするとされている。

A 014
動脈血酸素飽和度

気管カニューレ内部の喀痰吸引をしている間は、気管カニューレと人工呼吸器の回路を接続しているコネクターを外すので、医師から指示された吸引時間よりも長くなってしまった場合は、利用者が低酸素状態におちいるおそれがある。喀痰吸引終了後、速やかにコネクターを接続し、パルスオキシメータで動脈血酸素飽和度が90％以上であることを確認する。

A 015
緑

痰の色は、無色透明または白濁であれば正常といえるが、黄色や緑色になった場合には感染症が疑われる。

Q 016 □□

喀痰吸引は、〔　　　〕操作で行うなど、感染予防に最大限配慮しなければならない。

Q 017 □□

医療行為としての喀痰吸引等を行うための指示書は、〔　　　〕が作成する。

Q 018 □□

〔　　　　　　　　〕は、様々な体位に移動することで、効率的に痰の喀出を促進できる。

Q 019 □□

仰臥位から側臥位への〔　　　　　〕を定期的に実施することは、喀痰吸引を必要とする利用者に対する生活支援として有効である。

Q 020 □□

吸引チューブや保管容器は、〔　　　〕時間おきに消毒する必要がある。

Q 021 □□

口腔内・鼻腔内の喀痰吸引において、吸引チューブの洗浄には、〔　　　　〕を用いる。

3　経管栄養の方法

Q 022 □□

栄養剤の栄養素は、主に〔　　　〕で吸収される。

Q 023 □□

栄養剤の注入速度が〔　　　〕と、下痢を起こすことがある。

Q 024 □□

口腔内の〔　　　〕は、経管栄養を行っていても減少はしない。

A 016
無菌

喀痰吸引では、カテーテルを介した感染のリスクがあるため、口腔・鼻腔用と気管内用のカテーテルを別にすることや、吸引を無菌操作で行うことなど、感染予防に最大限配慮しなければならない。

A 017
医師

医療行為としての喀痰吸引等を行うための指示書は、医師が作成する。

A 018
体位ドレナージ

体位ドレナージは、様々な体位に移動することによって、効率的に痰の喀出を促進する方法であり、必要に応じて実施することが大切である。

A 019
体位変換

喀痰吸引を必要とする利用者に対する生活支援として、定期的に体位変換することや、室内の空気を清浄に保つことなどが求められる。

A 020
24

吸引チューブや保管容器の消毒は、24時間おきに行い、常に清潔に保つ必要がある。

A 021
水道水

口腔内・鼻腔内には常在菌が存在するため、吸引チューブの洗浄には水道水を用いる。なお、吸引チューブの洗浄水は、少なくとも8時間おきに交換する。

A 022
小腸

栄養剤の栄養素は、主に小腸で吸収される。

A 023
速い

栄養剤は、その種類や量、注入速度によって、下痢や嘔吐、高血糖などの症状が出現することがある。一般的に、注入速度が速いと下痢を生じやすくなる。

A 024
細菌

口腔内の細菌は、経管栄養を行っていても減少することはないため、定期的かつ継続的な口腔ケアが必要となる。

Q 025 □□ 胃瘻による経管栄養の実施手順として、栄養剤を利用者のところに運んだ後の最初の行為は、〔　　〕確認である。

Q 026 □□ 栄養剤を流す前に利用者の経鼻経管栄養チューブを確認すると、固定テープがはずれ、鼻腔の入口付近でチューブが10cm抜けていたので、速やかに医療職に〔　　〕した。

Q 027 □□ イルリガートル（注入ボトル）を用いた経鼻経管栄養では、〔　　〕栄養剤を用いる。

Q 028 □□ イルリガートルを用いた経鼻経管栄養では、栄養剤の液面を胃から〔　　〕cm程度高くする。

Q 029 □□ チューブ型カテーテルを固定する際、外部ストッパーは〔　　〕をもたせるように調整する。

Q 030 □□ 胃瘻による経管栄養を実施している場合において、胃食道逆流を防止する方法として、〔　　〕栄養剤の使用などがある。

Q 031 □□ 胃瘻を取り扱うときは、カテーテルが〔　　〕しないように配慮する。

Q 032 □□ バンパー型の胃瘻チューブは、バルーン型の胃瘻チューブに比べて〔　　〕時の痛みが強い。

Q 033 □□ 経管栄養に用いる器具の消毒には、〔　　〕を使用する。

Q 034 □□ 経管栄養の実施時に、冷蔵庫に保管していた栄養剤を指示どおりの温度にせずにそのまま注入すると、〔　　〕を起こしやすくなる。

A 025 本人

胃瘻による経管栄養の実施手順として、栄養剤を利用者のところに運んだ後の最初の行為は、**本人であること**の確認である。

A 026 報告

経鼻経管栄養チューブの固定テープがはずれ、鼻腔の入口付近でチューブが10cm抜けていた場合、介護福祉士は速やかに**医師**や**看護職**に状況を報告し、**医師**や**看護職**が抜けていた部分を元に戻す。

A 027 液体

イルリガートルを用いた経鼻経管栄養において、半固形化栄養剤を用いると詰まるおそれがあるため、**液体栄養剤**を使用することが望ましい。

A 028 50

イルリガートルを用いた経鼻経管栄養では、栄養剤が**逆流**しないよう、栄養剤の液面を**胃**から**50**cm程度高くする。

A 029 あそび

チューブ型カテーテルは、抜去《ばっきょ》を防止するため、固定時に体表から１～２cm程度のあそびをもたせるように**外部ストッパー**を調整する。

A 030 半固形

胃瘻による経管栄養において、胃食道逆流や下痢を防止する方法には、**半固形栄養剤**の使用、経管栄養終了後１時間程度までは**ファーラー位**を保持すること、**注入速度**の調整などがある。

A 031 埋没

胃瘻を取り扱う際は、定期的にカテーテルを**回転**させ、カテーテルが**埋没**しないように配慮しなければならない。

A 032 交換

バンパー型の胃瘻チューブは、バルーン型の胃瘻チューブに比べて交換時の**痛み**が強い。また、バンパー型の胃瘻チューブは、バルーン型の胃瘻チューブに比べて**抜け**にくい。

A 033 次亜塩素酸ナトリウム

経管栄養に用いる器具を消毒する際は、アルコールでは効果が得られないため、**次亜塩素酸ナトリウム**を使用する。

A 034 下痢

経管栄養で用いられる栄養剤は、通常、常温程度の温度にしてから注入する。冷たい栄養剤を注入すると**下痢**を起こしやすくなる。

9

介護の基本

ココ!確認 ポイント・チェック!

介護福祉士の義務等（社会福祉士及び介護福祉士法）

誠実義務 〈第44条の２〉	担当する者が個人の尊厳を保持し、自立した日常生活を営むことができるよう､常にその者の立場に立って、誠実にその業務を行わなければならない
信用失墜行為の禁止 〈第45条〉	介護福祉士の信用を傷つけるような行為をしてはならない
秘密保持義務 〈第46条〉	正当な理由がなく、その業務に関して知り得た人の秘密を漏らしてはならない。介護福祉士でなくなった後においても、同様とする
連携保持義務 〈第47条第２項〉	業務を行うにあたり、担当する者に認知症であること等の心身状況その他の状況に応じて、福祉サービス等が総合的かつ適切に提供されるよう、福祉サービス関係者等との連携を保たなければならない
資質向上の責務 〈第47条の２〉	介護等を取り巻く環境の変化による業務内容の変化に適応するため、介護等に関する知識及び技能の向上に努めなければならない

要介護者等との続柄別にみた主な介護者の構成割合（2022年）

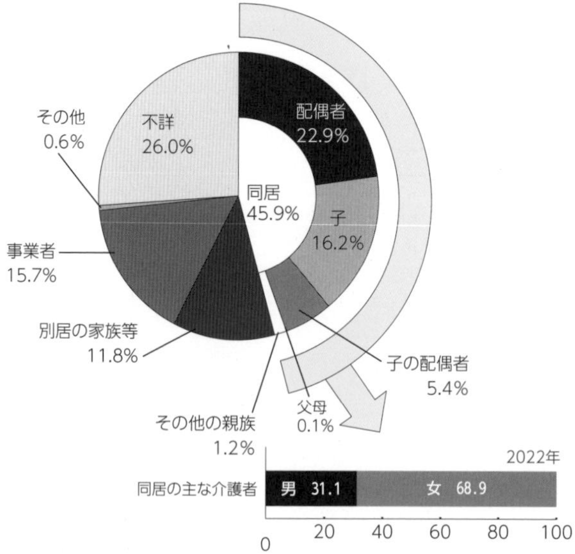

出典：厚生労働省

介護福祉の歴史

昭和20年まで	家庭内介護
昭和20年代	戦後法整備 福祉３法（生活保護法・児童福祉法・身体障害者福祉法）
昭和30年代 昭和31(1956)年 昭和33(1958)年 昭和38(1963)年	福祉６法〔福祉３法＋知的障害者福祉法・老人福祉法・母子福祉法（現・母子及び父子並びに寡婦福祉法）〕 家庭養護婦派遣事業（のちのホームヘルプサービス）：長野県上田市 臨時家政婦派遣事業～家庭奉仕員派遣制度：大阪市 老人福祉法制定 入所施設による介護が制定化
昭和40年代	老人医療費無料化 家族機能の変化・女性の社会進出など介護負担が社会問題
昭和50年代	老人医療費財政・老人福祉制度財政難 介護専門職化の動き
昭和62(1987)年	社会福祉士及び介護福祉士法制定
平成元(1989)年 平成６(1994)年 平成９(1997)年 平成12(2000)年	ゴールドプラン策定 ゴールドプランの見直し（新ゴールドプラン） 介護保険法制定 ゴールドプラン21、高齢者の介護サービスなど基礎整備 介護保険法施行
平成14(2002)年 平成15(2003)年 平成16(2004)年 平成17(2005)年 平成19(2007)年 平成20(2008)年 平成23(2011)年 平成24(2012)年 平成26(2014)年 平成28(2016)年 平成29(2017)年 令和２(2020)年 令和５(2023)年	老人医療制度対象年齢75歳に引上げ 支援費制度導入 発達障害者支援法制定 介護保険法改正、障害者自立支援法制定 高齢者虐待防止法制定 社会福祉士及び介護福祉士法改正 後期高齢者医療制度導入 障害者虐待防止法制定、介護保険法改正 社会福祉士及び介護福祉士法改正 障害者総合支援法成立（障害者自立支援法改正） 介護保険法改正 障害者総合支援法改正 介護保険法改正 社会福祉法改正 介護保険法改正 介護保険法改正 認知症基本法制定

ICIDHの特性

・1980年に世界保健機関（WHO）が発表した障害概念の分類。
・障害のレベルを、疾病から機能障害が残り、それが能力障害（能力低下）を引き起こした結果、社会的不利をもたらすという階層的な構造とした。

□ICIDHの概念図

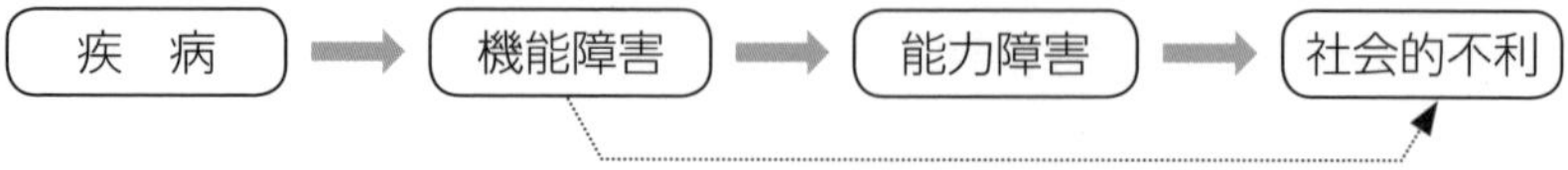

ICFの特性

・2001年５月のWHOの第54回総会「ICF（International Classification of Functioning, Disability and Health）を採択。
・ICF：人間の生活機能と障害について「心身機能・身体構造」「活動」「参加」の３つの次元および「環境因子」等の影響を及ぼす因子で構成され、約1500項目に分類。
・「ICIDH」が障害のマイナス面を強調してしまう考え方であったのに対し、ICFは、環境因子と個人因子という観点を加え、生活機能のプラス面をとらえるように構成されている。

□ICFの構成要素間の相互作用

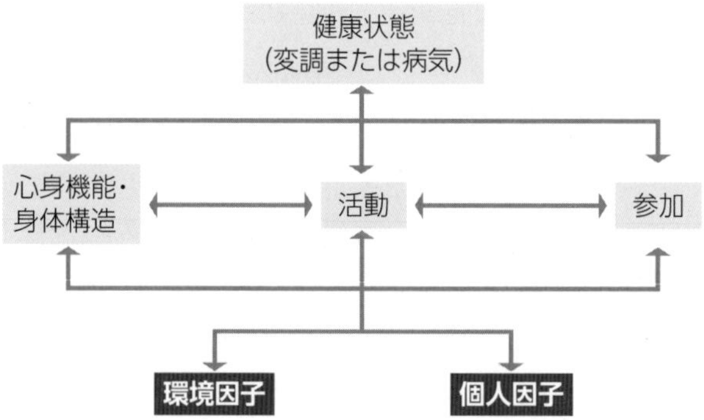

（出典）厚生労働省「国際生活機能分類―国際障害分類改訂版―」

リハビリテーションの分類

医学的リハビリテーション	疾病からの回復、障害に対する生活機能の向上をめざす。病院や介護保険施設などで実施される
教育的リハビリテーション	障害児の自立や、社会への適応能力を高めるための支援を行う。特別支援学校などで実施される
職業的リハビリテーション	障害のある人に対する、職業指導・訓練・紹介などを行う。障害者職業センター、障害者支援施設などで実施される
社会的リハビリテーション	障害者や高齢者の社会生活能力を向上させるための支援を行う。バリアフリーなどによる社会のしくみの整備を含む

□医学的リハビリテーションの３段階

急性期リハビリテーション	発症後、できる限り早期から実施。障害の評価も行う
↓	
回復期リハビリテーション	症状が安定期に入ってから実施。在宅復帰が目標
↓	
維持期（生活期）リハビリテーション	主に在宅で実施され、自立した生活の持続をめざす

リハビリテーション専門職の特徴

理学療法士	医師の指示の下、身体に障害のある者に対し、主に基本的動作能力の回復を図るため、治療体操、電気刺激、温熱などの理学療法を行う
作業療法士	医師の指示の下、身体や精神に障害のある者に対し、主に応用的動作能力または社会的適応能力の回復を図るため、手芸や工作などの作業療法を行う
言語聴覚士	音声機能、言語機能、聴覚に障害のある者に対し、機能の維持向上を図るため、言語訓練などを行うほか、診療の補助として、医師等の指示の下、嚥下訓練や人工内耳の調整なども行う
義肢装具士	医師の指示の下、義肢および装具の装着部位の採型ならびに義肢および装具の製作および身体への適合を行う専門職
視能訓練士	医師の指示の下、両眼視機能に障害のある者に対するその両眼視機能の回復のための矯正訓練、これに必要な検査を行う専門職

保健・医療・福祉の専門職

医師・歯科医師	共に業務独占の国家資格。医師は医療と保健指導、歯科医師は歯科医療と保健指導に携わる
看護師	業務独占の国家資格（名称独占でもある）。傷病者もしくはじょく婦に対する療養上の世話や診療の補助を行う
保健師	名称独占の国家資格で看護師の資格をもつことが前提。主に保健指導に携わり、子育て相談も担う
薬剤師	業務独占の国家資格。調剤、医薬品の供給など、薬事衛生に携わる
社会福祉士	名称独占の国家資格。福祉に関する相談に応じ、助言・指導や、福祉サービス関係者等との連絡・調整を行う
精神保健福祉士	名称独占の国家資格。精神障害者の社会復帰に関する相談または精神障害者及び精神保健に関する課題を抱える者の精神保健に関する相談に応じ、助言・指導や、日常生活へ適応するために必要な訓練・援助を行う
介護福祉士	名称独占の国家資格。身体・精神の障害があることで、日常生活に支障がある人に心身の状況に応じた介護を行い、その人（本人）と介護者に対し介護に関する指導を行う

介護における安全の確保とリスクマネジメント

□ヒヤリ・ハット

ハーバート・ウィリアム・ハインリッヒ（1886年－1962年）は、重大事故が発生した際には、その前に29の軽微な事故があり、その前には300のヒヤリ・ハットが潜んでいると述べている。これを、ハインリッヒの法則（1：29：300の法則）という。

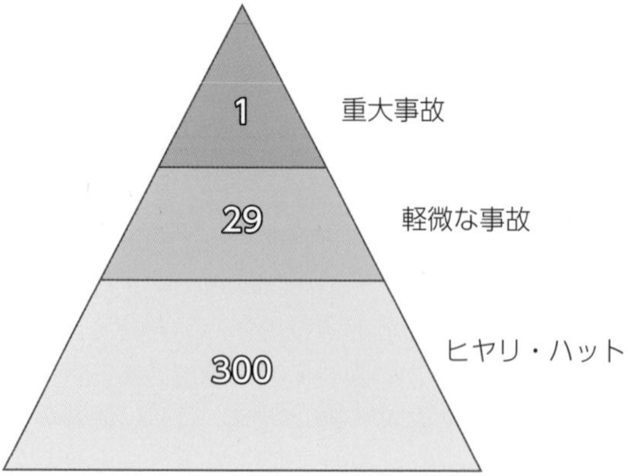

ヒヤリ・ハット報告とは、**「ヒヤッとした」「ハッとした」という事例の報告をすることである。**ヒヤリ・ハットは、結果として事故には至らなかったものの、事故につながるおそれのある事例を発見する意味で重要であり、重大事故を未然に防ぐことが可能になるといわれる。

□感染予防

介護現場には、予備能力や抵抗力が低下した人も多く、感染症の危険性があり、特に集団感染は発生すると命にかかわる重大な事態になるおそれもある。そのために、感染症予防が重要となる。

感染対策の１つとして、感染症罹患者に対する特別な対応ではなく、すべての人が感染症にかかる可能性があると考え、あらゆる人の血液、体液（汗を除く）、分泌物、創傷のある皮膚、粘膜には感染性があるととらえて扱う標準予防策（スタンダードプリコーション）がある。

〈感染症予防のポイント〉

❶排泄物や汚物の適切な処理	❷介護者の手指の清潔
❸体調管理	❹生活環境の清潔保持

□感染経路と主な感染症

飛沫感染	感染者の咳やくしゃみによる、飛沫粒子を吸い込むことで感染する。インフルエンザ、風疹　など
空気感染	咳やくしゃみによる飛沫粒子が、空気中を漂い、それを吸い込むことで感染する。結核、麻疹、水痘　など
接触感染	病原体が付着した皮膚・物品・器具などに触れることで感染する。MRSA、疥癬　など
経口感染	病原体に汚染された、食品や水を口にすることで感染する。ノロウイルス、腸管出血性大腸菌　など
血液感染	輸血や傷口などを通じて、汚染された血液などが体内に入ることで感染する。HIV、B型肝炎　など

一問一答 ＋穴埋めドリル！

1 介護福祉士の義務等

Q 001 □□ 社会福祉士及び介護福祉士法において、介護福祉士の名称の使用は、〔　　〕後でなければならないとしている。

Q 002 □□ 介護福祉士が、喀痰吸引を行うときは、〔　　〕に申請する。

Q 003 □□ 介護福祉士は、〔　　〕独占の国家資格である。

Q 004 □□ 介護福祉士は、介護福祉士の〔　　〕を傷つけるような行為をしてはならない。

Q 005 □□ 介護福祉士は、正当な理由がなく、その業務に関して知り得た人の〔　　〕を漏らしてはならない。

Q 006 □□ 介護福祉士は、その担当する者が個人の尊厳を保持し、自立した日常生活を営むことができるよう、常にその者の立場に立って、〔　　〕にその業務を行わなければならない。

Q 007 □□ 介護福祉士は、業務内容の変化に対応するため、知識と〔　　〕の向上に努めなければならない。

Q 008 □□ 介護福祉士は、その業務を行うにあたり、福祉サービス関係者等との〔　　〕を保たなければならない。

A 001
登録

介護福祉士となる資格を有する者が介護福祉士になるには、介護福祉士登録簿に、氏名、生年月日その他厚生労働省令で定める事項の登録を受けなければならない。

A 002
社会福祉振興・試験センター

介護福祉士が喀痰吸引を行うときは、就業先である登録喀痰吸引等事業者で実地研修を修了後、公益財団法人社会福祉振興・試験センターに登録申請をする。

A 003
名称

社会福祉士や介護福祉士は、名称独占（その資格をもつ者だけが、その名称を使用することができる）の国家資格であり、無資格者でも、その名称を名乗らなければ業務を行うことは可能である。

A 004
信用

介護福祉士に対しては、介護福祉士の信用を傷つけるような行為をしてはならないという信用失墜行為の禁止を課している。

A 005
秘密

社会福祉士及び介護福祉士法において、介護福祉士でなくなった後であっても秘密保持が適用される旨が規定されている。

A 006
誠実

介護福祉士の誠実義務とは、担当する者が個人の尊厳を保持し、自立した日常生活を営むことができるよう、常にその者の立場に立って、誠実にその業務を行わなければならないというものである。

A 007
技能

介護福祉士に対しては、業務内容の変化に対応するため、知識と技能の向上に努めなければならないという資質向上の責務を課している。

A 008
連携

介護福祉士には、「業務を行うに当たって、福祉サービス関係者等との連携を保たなければならない」という連携保持義務が課せられている。

---

2 国民生活基礎調査

Q 009 □□

「2022年国民生活基礎調査」によると、65歳以上の者のいる世帯は全世帯の〔　〕割以上を占めている。

Q 010 □□

「2022年国民生活基礎調査」によると、65歳以上の者のいる世帯を世帯構造別にみた場合、〔　　　　　〕世帯が最も多い。

Q 011 □□

「2022年国民生活基礎調査」によると、65歳以上の者のいる世帯のうち、高齢者世帯の世帯構造をみると、〔　　〕世帯が最も多い。

Q 012 □□

「2022年国民生活基礎調査」によると、65歳以上の者のいる世帯のうち、高齢者世帯の単独世帯は、〔　〕性のほうが多い。

Q 013 □□

「2022年国民生活基礎調査」によると、65歳以上の者のいる世帯のうち、高齢者世帯の単独世帯の男性の年齢構成は、〔　　　　　〕歳が最も多い。

3 国際生活機能分類（ICF）

Q 014 □□

国際生活機能分類（ICF）の前身である国際障害分類（ICIDH）では、「障害」を機能障害、能力障害、〔　　　　　〕の3レベルに分類した。

Q 015 □□

国際生活機能分類（ICF）では、「生活機能」を心身機能・身体構造、活動、〔　　〕のすべてを含む包括用語とした。

A 009
4

「2022年国民生活基礎調査」によると、65歳以上の者のいる世帯は約2747万世帯で全世帯の50.6％を占めている。

A 010
夫婦のみの

「2022年国民生活基礎調査」によると、65歳以上の者のいる世帯を世帯構造別にみた場合、「夫婦のみの世帯」が最も多く、次いで「単独世帯」「親と未婚の子のみの世帯」となっている。

A 011
単独

「2022年国民生活基礎調査」によると、65歳以上の者のいる世帯のうち、高齢者世帯の世帯構造をみると、単独世帯が873万世帯（高齢者世帯の51.6％）で最も多い。次いで夫婦のみの世帯が756万２千世帯（同44.7％）となっている。

A 012
女

「2022年国民生活基礎調査」によると、65歳以上の者のいる世帯のうち、高齢者世帯の単独世帯は、男は35.9％、女は64.1％となっている。

A 013
70～74

「2022年国民生活基礎調査」によると、65歳以上の者のいる世帯のうち、高齢者世帯の単独世帯の男性の年齢構成は、70～74歳が最も多く、女性では、85歳以上が最も多い。

A 014
社会的不利

国際障害分類（ICIDH）では、「障害」をマイナス的側面であるととらえ、「機能障害」「能力障害」「社会的不利」に分類した。

A 015
参加

国際生活機能分類（ICF）では、すべての人にかかわる分類とし、「生活機能」を「心身機能・身体構造」「活動」「参加」のすべてを含む包括用語とした。

Q 016 □□

国際生活機能分類（ICF）における〔　　〕とは、個人による課題や行為の遂行のことである。

Q 017 □□

民族は、背景因子の〔　　〕因子に含まれる。

Q 018 □□

親友は、背景因子の〔　　〕因子に含まれる。

Q 019 □□

片麻痺があるために、旅行に行くことができないのは、国際生活機能分類（ICF）の〔　　　　〕に該当する。

Q 020 □□

車いすから便座への移乗ができるのは、国際生活機能分類（ICF）の〔　　〕に該当する。

Q 021 □□

車いすを活用して移動することができるため、知人の講演会に出席することができたのは、国際生活機能分類（ICF）の〔　　〕に該当する。

Q 022 □□

病気により自宅で療養しているために、復職することができないのは、国際生活機能分類（ICF）の〔　　　　〕に該当する。

Q 023 □□

知的障害があるために、買い物をすることができないのは、国際生活機能分類（ICF）の〔　　　　〕に該当する。

4 リハビリテーション

Q 024 □□

世界保健機関（WHO）によるリハビリテーションの定義において、「利き手の交換」が該当するものは、〔　　〕的リハビリテーションである。

A 016
活動

国際生活機能分類（ICF）において、「活動」とは個人による課題や行為の遂行のことをいう。

A 017
個人

個人因子は、生活機能や障害への内的影響を意味するものであり、生活習慣、性別、民族、生活歴などが含まれる。

A 018
環境

環境因子は、生活機能や障害への外的影響を意味するものであり、家族、親友、地域住民、介護サービスなどが含まれる。

A 019
参加制約

片麻痺により、旅行に行くことができないのは国際生活機能分類（ICF）の「参加制約」に該当する。

A 020
活動

車いすから便座への移乗ができるのは、国際生活機能分類（ICF）の「活動」に該当する。

A 021
参加

車いすを活用して移動することができるため、知人の講演会に出席することができたのは、国際生活機能分類（ICF）の「参加」に該当する。

A 022
参加制約

病気により自宅で療養しているために、復職することができないのは、国際生活機能分類（ICF）の「参加制約」に該当する。

A 023
活動制限

知的障害があるために、買い物をすることができないのは、国際生活機能分類（ICF）の「活動制限」に該当する。

A 024
医学

世界保健機関（WHO）によるリハビリテーションの定義において、「利き手の交換」が該当するものは、医学的リハビリテーションである。

Q 025 □□ 介護保険で実施されるリハビリテーションは、主に〔　　〕期のリハビリテーションである。

Q 026 □□ 回復期リハビリテーションは、〔　　〕的リハビリテーションの一環として行われる。

Q 027 □□ 〔　　〕期リハビリテーションでは、機能回復、ADLの向上および早期の社会復帰をめざす。

5 保健・医療・福祉の専門職

Q 028 □□ 医師は、自らの〔　　〕による調剤が認められている。

Q 029 □□ 看護師とは、〔　　　　　　〕の免許を受けて、傷病者もしくはじょく婦に対する療養上の世話または診療の補助を行うことを業とするものをいう。

Q 030 □□ 理学療法士が行う理学療法とは、身体に障害のある者に対して、主としてその〔　　　〕動作能力の回復を図ることを目的としている。

Q 031 □□ 作業療法士の行う作業療法は、身体または〔　　〕に障害のある者を対象としている。

Q 032 □□ 言語聴覚士は、障害者等に対し、聴覚検査や言語訓練、嚥下訓練、人工〔　　〕の調整を行う。

Q 033 □□ 義肢装具士は、装具の〔　　〕・製作を行う。

A 025
維持

介護保険で実施されるリハビリテーションは、主に維持期のリハビリテーションである。

A 026
医学

回復期リハビリテーションは、医学的リハビリテーションの一環として行われるものである。

A 027
回復

回復期リハビリテーションは、主に入院期間中に医療機関内で実施されるものであり、退院後の生活を踏まえ、機能回復、ADLの向上、早期の社会復帰を目的に実施されるものである。

A 028
処方

調剤は、薬剤師の独占業務であるが、医師自らの処方による調剤は認められている。

A 029
厚生労働大臣

看護師は、保健師助産師看護師法に基づき、厚生労働大臣の免許を受けることとされている。

A 030
基本的

理学療法とは、身体に障害のある者に対して、主に基本的動作能力の回復を図るために、治療体操などの運動を行わせることや、電気刺激、マッサージ、温熱などの物理的手段を加えることをいう。

A 031
精神

作業療法は、身体または精神に障害のある者を対象に、主に応用的動作能力や社会適応能力の回復を図ることを目的として行うものである。

A 032
内耳

言語聴覚士は、音声機能、言語機能または聴覚に障害のある者に対して、言語訓練や嚥下訓練その他の訓練や人工内耳の調整、これに必要な検査および助言、指導などを行う専門職である。

A 033
採型

義肢装具士は、義手や義足、装具の採型・製作、からだに適合させるための調整を行う専門職である。

---

6 感染対策

Q 034 □□
感染症罹患者に対する特別な対応を、〔　　　　　　〕(スタンダードプリコーション) と呼ぶ。

Q 035 □□
介護保険施設においては、感染対策のための委員会をおおむね〔　〕か月に1回開催しなければならない。

Q 036 □□
介護保険施設の感染対策として、おむつ交換は、〔　　　　〕手袋を着用して行うことを基本とすることが望ましい。

Q 037 □□
ノロウイルスの感染経路として、汚染された食品を食したことによる〔　　〕感染がある。

Q 038 □□
ノロウイルス感染者の嘔吐物を処理する際は、汚染場所を適度に薄めた塩素系漂白剤である次亜塩素酸〔　　　　　〕溶液などを用いて消毒する必要がある。

7 リスクマネジメント

Q 039 □□
〔　　　〕・ハットとは、事故には至っていないが事故が生じるおそれが高かった状況をいう。

Q 040 □□
〔　　　　　　〕(Heinrich, H) の法則では、1つの重大事故の背景には、多くの軽微な事故とヒヤリ・ハットが存在するとしている。

Q 041 □□
ヒヤリ・ハット報告書は、〔　　〕報告書とは分けて記載する。

A 034
標準予防策

標準予防策（スタンダードプリコーション）とは、感染症罹患者に対する特別な対応ではなく、すべての人の血液、体液（汗を除く）、分泌物、創傷のある皮膚、粘膜などを感染源とみなして扱う感染対策である。

A 035
3

介護保険施設では、感染症（食中毒を含む）の発生や感染拡大を防止するために、感染対策委員会をおおむね3か月に1回開催しなければならない。

A 036
使い捨て

介護保険施設では、おむつ交換をするごとに使い捨て手袋を着用し、交換後は、その手袋を外して手洗いを行う。

A 037
経口

ノロウイルスの感染経路には、汚染された食品を食したことによる経口感染のほか、二次感染の感染経路として、感染者の便や嘔吐物に含まれるウイルスによる接触感染、飛沫感染、塵埃《じんあい》感染もある。

A 038
ナトリウム

ノロウイルスは、冬場にカキなどの食中毒により、感染性胃腸炎を引き起こす。

A 039
ヒヤリ

事故につながるおそれのあった出来事を、インシデントやヒヤリ・ハット（「ヒヤリ」としたことや、「ハッ」としたこと）という。

A 040
ハインリッヒ

ハインリッヒの法則では、１つの重大な労働災害発生の背景には同種の軽い労働災害が29件、傷害事故には至らなかった同種の事故が300件あるとしており、「1：29：300の法則」ともいわれている。

A 041
事故

ヒヤリ・ハット報告書は、事故報告書とは分けて記載する必要がある。

Q 042
□□
ヒヤリ・ハット報告書には、あらかじめ口頭で報告した内容についても必ず記載し、記録および〔　　〕予防策の事例として保管しておく必要がある。

Q 043
□□
リスクマネジメントとは、組織を脅かすリスクから自らを守るための一連の活動のことであり、〔　　　　〕体制を確立することが基本となる。

Q 044
□□
施設の介護における安全の確保に向けて、職員に対して安全に関する〔　　〕を定期的に行うことが望ましい。

Q 045
□□
高齢者介護施設で、MRSA（メチシリン耐性黄色ブドウ球菌）の保菌者が確認された場合、〔　　〕感染予防策を実施する。

8 介護従事者の管理

Q 046
□□
継続的に達成感が得られず、努力が報われにくい状況で、やる気ややりがいを失って、心身共に疲れ果ててしまう不適応状態を〔　　　　〕症候群（バーンアウト）という。

Q 047
□□
介護福祉職の腰痛予防として、〔　〕的ストレッチングが効果的である。

Q 048
□□
シーツ交換時のベッドの高さは、介護福祉職の腰より〔　〕くすることで、腰への負担が軽減される。

Q 049
□□
〔　　　　〕法では、労働者の1日の法定労働時間を規定している。

A 042
事故

ヒヤリ・ハッド報告書は、施設の職員間で共有して、以後の事故予防対策に活用する。

A 043
危機管理

リスクマネジメント（危機管理）のねらいは、事故の防止と、仮に事故が起きても、その被害を最小限に抑えることにある。

A 044
研修

介護保険施設では、事故発生の防止のための委員会と従業者に対する研修を定期的に行うことによって、施設の介護における安全の確保を図っている。

A 045
接触

高齢者介護施設で、MRSAの保菌者が確認された場合、接触感染予防策を実施したり、保菌者の入浴を最後にしたりといった対応が必要となる。

A 046
燃え尽き

燃え尽き症候群（バーンアウト）では、無気力感、疲労感、無感動などがみられる。

A 047
静

静的ストレッチングとは、反動や弾みをつけずに筋肉を伸ばし、その状態で静止するといったものであり、筋肉への負荷が少なく、リラクセーション効果もあることから、腰痛予防として有効である。

A 048
高

シーツ交換時のベッドの高さは、介護福祉職の腰より高くすることで、腰への負担が軽減される。

A 049
労働基準

介護従事者の１日の法定労働時間など労働者の労働時間を定めているのは、労働基準法である。

Q 050 □□

労働安全衛生法では、常時〔　　〕人以上の労働者が働く事業場に衛生管理者や産業医の配置、衛生委員会を設置することなどを義務づけている。

Q 051 □□

「ストレスチェック制度」の主な目的は、労働者の〔　　　　　〕不調の未然防止である。

9 育児・介護休業法

Q 052 □□

介護休業は、育児休業よりも〔　〕に制度化された。

Q 053 □□

介護休業は、対象家族一人につき、〔　〕回を上限に分割して取得できる。

Q 054 □□

配偶者、父母、子、配偶者の父母、祖父母、兄弟姉妹、〔　〕は、介護休業の対象家族である。

Q 055 □□

介護休業とは、〔　〕週間以上要介護状態が続いている家族を介護するためのものである。

Q 056 □□

男性労働者が事業主に申請することで、子の出生から 8 週間を経過する日の翌日までに、4 週間まで取得できる育児休業を、〔　　　〕育児休業という。

Q 057 □□

育児休業の期間は、最長で子が〔　〕歳になるまで延長することができる。

Q 058 □□

小学校就学前の子を養育する労働者は、事業主に申し出ることにより、1 年度において〔　〕日を限度として、子の看護休暇を取得することができる。

A 050 50

労働安全衛生法は、労働者の安全・健康と、快適な職場環境づくりを目的とした法律である。

A 051 メンタルヘルス

メンタルヘルス不調に陥る労働者が発生した場合には、その早期発見と適切な対応を図る。

A 052 後

育児休業は、1991（平成３）年の育児休業法の制定当時から制度化されていた。一方、介護休業は、1995（平成７）年の法改正時に制度化された。

A 053 3

介護休業は、対象家族１人につき通算93日まで、３回を上限として分割取得することができる。

A 054 孫

介護休業の対象家族には、労働者の配偶者、父母、子、配偶者の父母、祖父母、兄弟姉妹、孫が含まれている。

A 055 2

介護休業の申出条件は、負傷、疾病、身体上または精神上の障害により、２週間以上にわたって対象家族が要介護状態にあることである。

A 056 出生時

出生時育児休業（産後パパ育休）とは、男性労働者が事業主に申請することで、子の出生から８週間を経過する日の翌日までに、４週間まで取得できる育児休業のことで、２回まで分割して取得可能である。

A 057 2

育児休業の期間は、原則として子が１歳に達するまでの期間となっているが、期間中に子が保育所に入所できないなど一定の要件を満たす場合には、最長で２歳になるまで延長することができる。

A 058 5

小学校就学前の子を養育する労働者は、事業主に申し出ることにより、１年度において５日を限度として、子の看護休暇を取得することができる。

10

コミュニケーション技術

ココ!確認 ポイント・チェック!

介護におけるコミュニケーションの基本

□介護におけるコミュニケーションの意義・目的

コミュニケーションとは、「情報のやり取り」のことで、介護に特化した技術ではなく、すべての生活上で必要な技術である。

介護におけるコミュニケーションの意義・目的は、利用者、介護福祉職・他職種などと言語・非言語の情報のやり取りを行うことにより、利用者との意思の疎通を図り、介護福祉職・他職種との連携を図るための重要な技術である。そしてその技術により、よりよい介護の実践を行うという目的がある。

□介護におけるコミュニケーションのプロセス

コミュニケーションのプロセスでは、メッセージの発信者と受信者が必要である。メッセージが発信されると、受信者はそのメッセージを理解し、そこに感情と思考が伴いメッセージの発信が行われる。そしてそれが発信者に戻ると、発信者はメッセージを理解し、感情と思考を伴いさらなるメッセージの発信が行われる。この繰り返しが、コミュニケーションのプロセスである。

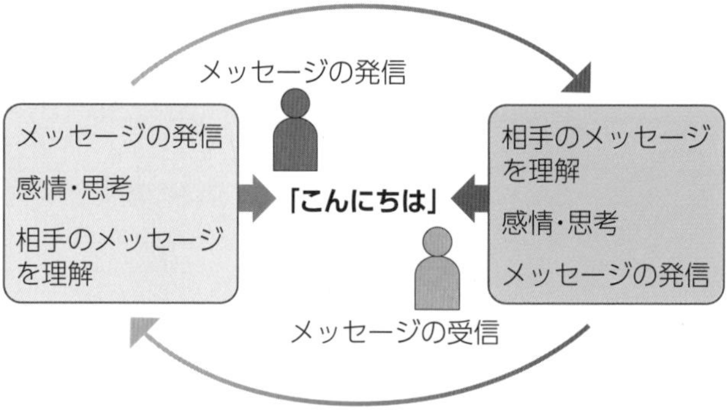

□感情の転移

転移	利用者がかつて抱いていたさまざまな感情を、援助者に向ける（投影する）こと 例 母親に対する敵意を、母親と同年代の女性援助者に向ける → 転移を援助関係の進展に活用することは可能
逆転移	援助者がかつて抱いていたさまざまな感情を、利用者に向けること 例 亡くなった祖母と似ている利用者に、無意識に頻繁に関わる → 逆転移は避けるべきもの

納得と同意を得るための技法

焦点化	相手の話す内容をコンパクトにまとめ、ポイントを絞ったうえで、質問を投げかける技法
明確化	利用者の話す内容が曖昧だったり、とらえどころがなかったりする場合に、伝えようとしていることを質問により確かめる技法
直面化	利用者自身が見つめ直す必要のある感情や言動に対して、向かい合うきっかけをつくるために、矛盾点を指摘するなどの質問を投げかける技法

バイステックの７原則

秘密保持の原則	利用者の個人情報などの秘密を保持すること
個別化の原則	利用者を独自性のある特定の個人としてとらえ、その人の状況を理解し、立場を十分に尊重すること
非審判的態度の原則	介護福祉職の価値観や考えに基づき、利用者の発言や価値観などを評価したり、批判したりせず、理解を示すこと
自己決定の原則	利用者本人の意思や意見、決定を尊重すること
意図的な感情の表出の原則	利用者が自由に気持ちを表現できるようにソーシャルワーカーが働きかけること
統制された情緒的な関与の原則	介護福祉職が自らの感情を自覚、コントロールして、利用者の感情に対して適切に反応すること
受容の原則	利用者の態度や言動、価値観などをありのままに受け入れること

主なコミュニケーション技法の種類とその特徴

表現の明確化	利用者が表現できない内容を、援助者がくみ取って明確に表現すること
要約	援助者が利用者の発言内容をまとめながら表現すること
反復	利用者が話した内容を、援助者がそのまま繰り返して返答すること
沈黙	利用者が考える時間をもつために、援助者が意図的に黙ること
感情の反射	相手の発言の情緒的な面を言葉にして返すこと
解釈	相手の発言内容に対して援助者側の解釈を加えて応答すること

質問技法の種類とその特徴

開かれた質問	相手の判断で自由に意見を述べることができるような質問の仕方
閉じられた質問	基本的に「はい」または「いいえ」のどちらかで答えられるような質問の仕方
重複した質問	複数の質問を同時に尋ねる質問の仕方。相手にどちらに回答してよいか困惑させてしまうおそれがあるため、援助場面ではほとんど活用されない
なぜの質問	「なぜ～なのですか」のように理由を確認する質問の仕方。相手に批判的に受け止められてしまうこともあるので、援助場面ではあまり活用されない
評価的な質問	質問者の評価や価値観を含んだ質問の仕方。相手の回答を左右するおそれがあるので、援助場面ではあまり活用されない

疾病・障害に合わせたコミュニケーション方法

聴覚障害	・読話、手話、五十音表、手書き文字、ジェスチャーなどを活用する
失語症	・図絵や身振りなど、視覚的な情報を活用してコミュニケーションを図る ・運動性失語がある者に対しては、閉じられた質問を活用することが有効である
構音障害	・聞き取れた内容をそのまま繰り返して返答することなどによって、コミュニケーションを図る ・コミュニケーション意欲を損なわないように配慮する
統合失調症	・その者の話すペースに合わせる ・妄想の内容を話した場合には、肯定も否定もせずにかかわる

介護記録の記入・修正方法の基本

記入方法	故意に内容を消して書き換えたりすることができないよう、通常、ボールペンを用いる
修正方法	誤字などによって、記録を訂正する場合には、取り消し線に訂正印を押し、訂正後の記録は、訂正前の記録のすぐ上または横に書く

記録の様式

過程記録（経過記録）	支援に関わるさまざまな状況を、時間の経過に沿って記述したもの
要約記録	・支援の内容やその結果を要約したもの ・支援が長期にわたる場合などは、定期的に作成しておく
項目記録	支援の内容をいくつかの項目ごとに整理し、その要点をまとめたもの（要約記録の一種）
逐語記録	・利用者との会話をそのまま記録にしたもの ・膨大な量になることが多いが、状況がよりリアルに伝わるため、スーパービジョンなどで活用しやすい

記録の文体

叙述体	支援に関わるさまざまな状況を、時間の経過に沿って記述したもの ・過程叙述体…利用者とのやり取りを詳細に記録したもの ・圧縮叙述体…過程叙述体を圧縮したもの。過程記録の多くはこの形式をとる
説明体	利用者との会話や支援の内容などについて、介護福祉職がその趣旨を解釈し記録したもの。項目記録の多くはこの形式をとる
要約体	・説明体をさらに整理し、短文化したもの ・系統立てと主眼点が明確化されているのが特徴。要約記録の多くはこの形式をとる
会話体	利用者との会話をその言葉どおりに記したもの。逐語記録の多くはこの形式をとる

個人情報を含む介護記録の管理方法のポイント

・介護記録のデータは、誤送信のおそれもあることから、電子メールで送受信しないことを基本とする
・介護記録のデータを保存するときは、必ずパスワードを設定する
・パスワードは、定期的に変更する
・介護記録は、個人管理はせず、事業所や施設で適切に管理しなければならない
・USBフラッシュメモリは、小型で軽量であるため、紛失や盗難のリスクが高い

一問一答 ＋穴埋めドリル！

1 バイステックの７原則

Q 001 □□
バイステックの７原則には、利用者の個人情報を〔　　〕するための原則がある。

Q 002 □□
利用者を独自性のある特定の個人としてとらえ、その人の状況を理解し、立場を十分に尊重することを、「〔　　〕の原則」という。

Q 003 □□
援助者の価値観で評価せずに利用者にかかわることを、「〔　　〕態度の原則」という。

Q 004 □□
利用者本人の意思や意見、決定を尊重することを、「〔　　〕の原則」という。

Q 005 □□
利用者が自由に気持ちを表現できるように援助者が働きかけることを、「意図的な〔　　〕の原則」という。

Q 006 □□
援助者が自らの感情を自覚、吟味し、利用者の感情に対して適切に反応することを、「統制された〔　　〕の原則」という。

Q 007 □□
利用者の態度や言動、価値観などをありのままに受け入れることを、「〔　　〕の原則」という。

A 001 保護

バイステックの7原則の1つである「秘密保持の原則」とは、利用者の個人情報を保護するなど、相談面接の秘密を保持することをいい、相談面接で知り得た情報は、利用者の了解なくしてほかに伝えてはならない。また、秘密を守ることを利用者にもきちんと伝えておく。

A 002 個別化

「個別化の原則」とは、利用者を個別性がある個人としてとらえ、対応も個々のニーズに合わせて個別化する。一人ひとり異なるのが当然という認識をもつ。

A 003 非審判的

「非審判的態度の原則」は、援助者の価値観や考えに基づき、利用者の発言や価値観などを評価したり、批判したりせず、理解を示すことをいう。

A 004 自己決定

「自己決定の原則」では、手段をつくし、時間をかけて、利用者の自己決定能力が発揮できるように援助する。

A 005 感情表出

「意図的な感情表出の原則」とは、利用者の感情表現の機会を意図的につくり、客観的な事実や経過だけではなく、事実に伴う利用者の感情を理解することをいう。

A 006 情緒的関与

「統制された情緒的関与の原則」とは、利用者の感情を受け止め、共感的理解を伝えながら情緒的に関与することをいう。同時に、感情に巻きこまれないように、自分の感情をコントロールする。

A 007 受容

「受容の原則」では、利用者の行動や認識、行動の結果などを、背後にある感情も含めて承認するようにする。

2 援助場面におけるコミュニケーション

Q 008 □□ 相手の話を聴くだけなく、相手にとって話しやすい表情や態度をとり、感情や価値観なども総合的に聴き取る技法を、〔　　〕という。

Q 009 □□ 事前情報をもとに利用者の立場に立って、共感的な姿勢を準備しておくことを、〔　　　　　〕という。

Q 010 □□ 援助者が、自らの態度、言葉遣い、質問の形式等を利用者の反応に合わせて修正していくことを、〔　　　　　〕という。

Q 011 □□ 〔　　〕には、利用者が話した内容を、援助者がそのまま繰り返して返答することで、利用者自身が自分の発言内容について考えることができる効果がある。

Q 012 □□ 利用者自身が見つめ直す必要のある感情や言動に対して、向かい合うきっかけをつくるために、質問を投げかける技法を、〔　　　〕という。

Q 013 □□ 利用者の考えや感情を、具体的に言葉にして明確にすることを、〔　　　〕という。

3 質問技法

Q 014 □□ コミュニケーションがより円滑になるよう、〔　　　　〕質問を用いる目的は、漠然としていて伝わらない利用者の考えを明確にすることである。

Q 015 □□ 質問の仕方によっては、相手が返答に困ってしまったり、相手の返答を〔　　〕してしまうこともある。

A 008
傾聴

傾聴を支える技術として、予備的共感、観察、波長合わせなどがある。

A 009
予備的共感

予備的共感とは、援助者が、事前情報から利用者の立場に立つことによって、共感的な姿勢を準備しておくことである。

A 010
波長合わせ

波長合わせとは、援助者が、態度、言葉遣い、質問の形式等を利用者の反応に合わせて修正していくことをいう。

A 011
反復

反復という技法には、利用者自身が自分の発言内容について考えることができるという効果がある。

A 012
直面化

直面化とは、利用者が目を背けていることに気づかせることをいう。

A 013
明確化

明確化とは、利用者の話す内容が曖昧だったり、とらえどころがなかったりする場合に、伝えようとしていることを質問により確かめる技法である。

A 014
開かれた

開かれた質問は、漠然としていて伝わらない利用者の考えを明確にすることなどを目的に、インテーク面接などで主訴を把握する際に用いられる。

A 015
誘導

どちらに返答してよいか困ってしまう重複した質問や、相手の返答を誘導してしまうおそれがある評価的な質問などがある。

Q 016 □□
「今日は、どうかされましたか」は、〔　　　　　〕質問に該当する。

Q 017 □□
「昨日は何を食べましたか。今日は何を食べたいですか」は、〔　　　　〕質問に該当する。

Q 018 □□
「わたしは今のお話に感動しましたが、あなたはどのように感じましたか」は、〔　　　〕な質問に該当する。

Q 019 □□
「この本は好きですか」は、〔　　　　　〕質問に該当する。

Q 020 □□
「なぜ、あなたはいつもそのような行動をとるのですか」は、〔　　　〕質問に該当する。

4 利用者に合わせたコミュニケーション

Q 021 □□
運動性失語症のある人とコミュニケーションを図る際、〔　　　　〕質問を活用することは有効である。

Q 022 □□
統合失調症の者が妄想の話をした場合には、肯定も〔　　〕もせずにかかわることが望ましい。

Q 023 □□
行動・心理症状（BPSD）のある認知症の人の「失敗しそうでこわい」という発言に対しては、〔　　　〕理解を示すことが望ましい。

Q 024 □□
聴覚障害のある利用者との〔　　〕では、キーワードを活用して内容を伝達する。

A 016 開かれた

「今日は、どうかされましたか」は、相手の判断で自由に意見を述べることができるので、開かれた質問に該当する。

A 017 重複した

「昨日は何を食べましたか。今日は何を食べたいですか」のように「Aですか？　Bですか？」と質問を重ねる形式は、重複した質問に該当する。

A 018 評価的

「わたしは今のお話に感動しましたが、あなたはどのように感じましたか」のように質問者の評価が含まれるのは、評価的な質問に該当する。

A 019 閉じられた

「この本は好きですか」は、「はい」か「いいえ」でしか返答することができないため、閉じられた質問に該当する。

A 020 なぜの

「なぜ、あなたはいつもそのような行動をとるのですか」のように、理由をたずねる質問方法は、なぜの質問に該当する。

A 021 閉じられた

運動性失語症のある人とコミュニケーションを図る際は、絵や写真などの視覚的な情報を活用することが有効であるほか、「はい」か「いいえ」で返答できる閉じられた質問を活用することも有効である。

A 022 否定

統合失調症の人に対しては、幻覚や妄想について否定も肯定もせず、その人の感じていること・状態を受け入れることから始める。話を詳しく聞いたり、解決策を提示したりするのも、妄想を深める可能性があるため、適切ではない。

A 023 共感的

「失敗しそうでこわい」と発言した利用者に対しては、その気持ちに共感的理解を示すとともに、かかわりをもつことで安心感を得てもらうことが望ましい。

A 024 筆談

聴覚障害のある利用者と筆談でコミュニケーションを図る際は、キーワードなどを活用することにより、スムーズに伝達することが望ましい。

5 記録の管理

Q 025
□□
介護記録のデータを電子メールで送受信する場合には、〔　　〕化する。

Q 026
□□
介護記録のデータを保存するときは、〔　　　　　　〕を設定する。

Q 027
□□
情報を項目別に整理し、問題のポイントを明確にして記録する方法は、〔　　〕体である。

Q 028
□□
利用者に起こったことをそのまま記録するなど、起こった出来事をそのまま記録していく文体を、〔　　〕体という。

Q 029
□□
話し言葉の記録に介護福祉職の説明や解釈を加えて記述する形式を、〔　　〕体という。

6 報告の方法

Q 030
□□
指示を受けた仕事の報告は、その指示をした〔　　　〕に対して行う。

Q 031
□□
報告では、〔　　　〕事実を正確かつ簡潔に伝える必要がある。

Q 032
□□
介護業務の事故報告を口頭で行う場合は、〔　　〕を述べてから事故に至った経過を説明する。

A 025
匿名

介護記録のデータは、誤送信をするおそれもあることから、電子メールで送受信しないことを基本とするが、やむなく送受信する場合には、匿名化するなどの配慮が必要となる。

A 026
パスワード

介護記録のデータを保存するときは、第三者が書き換えることができないよう、必ずパスワードを設定する。

A 027
要約

要約体を用いて介護記録を作成する場合には、情報を項目別に整理し、問題のポイントを明確にしなければならない。

A 028
叙述

叙述体を用いて介護記録を作成する場合には、利用者に起こったことをそのまま記録する。

A 029
説明

利用者との会話や支援の内容などについて、介護福祉職がその趣旨を解釈し記録したものを説明体という。項目記録の多くはこの形式をとる。

A 030
指示者

介護福祉職は、仕事の指示を受けた場合、その報告は指示者に対して行うことが基本である。

A 031
客観的

報告において、自分の推測を伝える場合には、推測であることを明確にして、客観的事実と区別する。

A 032
結論

介護業務の事故報告を口頭で行う場合は、まずは「何があった」という結論を述べたうえで、その後、事故に至った経過を説明することが望ましい。

11

生活支援技術

ココ!確認 ポイント・チェック!

ユニバーサルデザインの７つの原則

❶どんな人でも公平に使えること（公平性）
❷柔軟に使用できること（自由度）
❸使い方が簡単で分かりやすいこと（単純性）
❹必要な情報がすぐに分かること（分かりやすさ）
❺うっかりミスが危険につながらないこと（安全性）
❻少ない力で効率的に、楽に使えること（身体的負担の軽減）
❼利用する十分な大きさと空間を確保すること（スペースの確保）

福祉用具貸与の種目

❶車いす（自走用標準型車いす、普通型電動車いす、介助用標準型車いす、介助用電動車いす）
❷車いす付属品　❸特殊寝台
❹特殊寝台付属品（スライディングボードや介助用ベルトなど）
❺床ずれ防止用具（エアマットなど）　❻体位変換器
❼手すり（取り付け工事を伴わないもの）
❽スロープ（取り付け工事を伴わない、持ち運びの容易なもの）
❾歩行器　❿歩行補助杖（松葉杖、多点杖など）
⓫認知症老人徘徊感知機器（外部との通信機能を除いた部分）
⓬移動用リフト（つり具の部分を除く）　⓭自動排泄処理装置

※上記の種目のうち、❼手すり、❽スロープ、❾歩行器、❿歩行補助杖、⓭自動排泄処理装置以外は要介護2以上が対象、⓭自動排泄処理装置で排便機能を有するものは要介護4以上が対象。また、2024（令和6）年度より、固定用スロープ、歩行器（歩行車を除く）、単点杖（松葉づえを除く）、多点杖については、貸与と販売の選択制が導入されている。

特定福祉用具販売の種目

❶腰掛便座（水洗ポータブルトイレ含む）
❷自動排泄処理装置の交換可能部品（チューブなど）
❸排泄予測支援機器
❹入浴補助用具（入浴用いす、浴槽内いす、浴槽内すのこなど）
❺簡易浴槽（取水・排水の工事を伴わないもの）
❻移動用リフトのつり具部分

□介護保険の給付対象となる住宅改修の範囲

❶手すりの取り付け
❷段差の解消
❸滑りの防止および移動の円滑化等の床材の変更
❹引き戸等の取り替え
❺洋式便器等への便器の取り替え
❻その他❶～❺までの住宅改修に付帯して必要となる住宅改修

口腔ケアの方法

ブラッシング	・歯垢（歯の表面に付着した黄白色の物質）を取り除くうえで最も効果がある ・歯ブラシは、粘膜を傷つけないように、ブラシの部分が小さく、やわらかいタイプのものを選ぶ ・うがいが可能なら、ブラッシングの前に行う
うがい	・主に、口腔内の食物残《ざん》渣《さ》（食べ物のかす）を取り除くために行われる ・うがいの仕方として、「ガラガラ」よりも「ブクブク」のほうが口腔ケアの効果がある
口腔清拭	・主に、口腔内の細菌を取り除くために行われる ・口腔内に炎症があったり、歯肉が傷ついたりしないようにするために、口腔清拭が行われることもある

歩行補助用具

T字杖	ロフストランドクラッチ	プラットホームクラッチ	多点杖	歩行器	歩行車	シルバーカー
		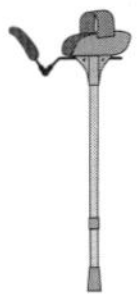		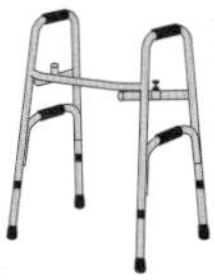		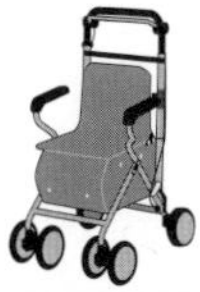
腕の力がある人に適している	前腕と握りの2か所で支持。握力が弱い人に適している	手指・関節に負荷をかけられない人に適している	他の杖と比べ設置面が広く、安定している	安定性はあるが、持ち上げる力が必要	安定性はあるが、バランス能力が必要	屋外での歩行補助に適している

正しい杖の位置

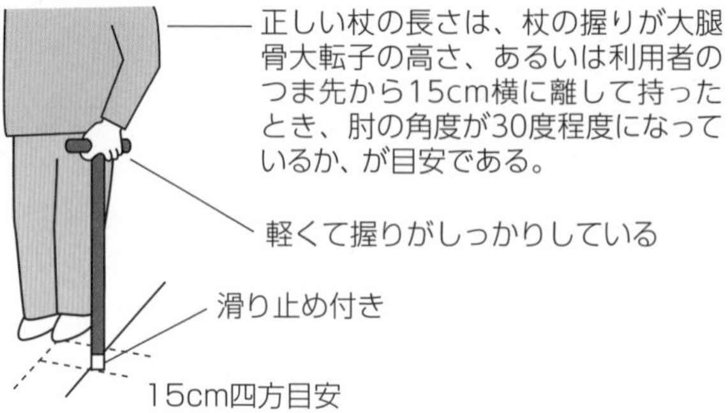

片麻痺のある人の移動の介助

2点歩行	❶杖と患側を同時に出す　❷健側をそろえる
3点歩行	❶杖を出す　❷患側を出す　❸健側をそろえる
段差	❶杖を出す　❷患側を出す　❸健側をそろえる
階段（昇り）	❶杖を上段につく　❷健側を上段に出す ❸患側をそろえる
階段（下り）	❶杖を下段につく　❷患側を下段に出す ❸健側をそろえる

※階段の下り以外は、いずれも介護者は利用者の患側後方に位置する。
階段の下りの場合は、介護者は患側前方に位置する。

視覚障害者の移動の介助

階段（昇り）	❶階段の前で停止し、昇り階段であることを伝える ❷介護者が半歩前を行き、速度を合わせる ❸階段を昇りきったら終わったことを伝える
階段（下り）	❶階段の前で停止し、下り階段であることを伝える ❷介護者が半歩前を行き、速度を合わせる ❸階段を下りきったら終わったことを伝える
狭い場所	❶介護者は狭い場所を通過することを伝える ❷誘導している腕を背中に回し、一列に並ぶ ❸通過したら終わったことを伝える

※誘導する方向や状況が変化するたびに、いったん停止し状況を伝えていく。

場面ごとの車いす介助のポイント

端座位から車いすへの移乗	・利用者の健側、ベッドに対して20～45度の位置に置く ・スライディングボードを活用し、臀部を滑らせて移乗させることも可能 ・移乗したあとは、足がフットサポートに乗っていることを確認する
段差や下り坂での介助	・段差…段差を上るときは前向き、下りるときは後ろ向きで移動する ・下り坂…後方を確認しながら後ろ向きで移動する（急勾配のスロープの場合も同様）
エスカレーターやエレベーターでの介助	・エスカレーター…上るときは前向き、下るときは後ろ向きで移動する ・エレベーター…乗るときは後ろ向き、降りるときは前向きが一般的
砂利道での介助	・砂利道では、キャスタを浮かせて移動することで、振動を少なくする

しみの種類によるしみ抜きの方法

しみの種類		落とし方
水に溶けやすいしみ	みかん・しょうゆ コーヒー・ジュース 茶	❶水をつけてたたく ❷洗剤液をつけてたたく ❸塩素系または酸素系漂白剤水溶液につける
	血液 インク	❶水をつけてたたく ❷塩素系または酸素系漂白剤につける ❸還元系漂白剤水溶液につける
	酒類	❶水をつけてたたく ❷洗剤液をつけてたたく
油を含んでいるしみ	チョコレート ドレッシング 襟あか・機械油	❶ベンジンをつけてたたく ❷液体洗剤の原液をつけてたたく、またはつまみ洗い
	口紅 ボールペン	❶ベンジンまたはアルコールをつけてたたく
その他のしみ	チューインガム	❶水で冷やして爪ではがす ❷ベンジンをつけてたたく ❸洗剤の原液をつけてたたく

洗濯表示記号

記号（付加記号を含む。） JIS L 0001より抜粋	**意　味**
家庭洗濯の記号 	家庭洗濯（洗濯機洗い、手洗い）ができます。 記号の中の「数字」は洗濯液の上限温度です。 「－」は「線なし」よりも、弱く、「＝」は更に弱い洗濯機での洗い方です。 「手洗い」をします。洗濯液の上限温度は40℃です。 ＊手洗いとは「押し洗い」、「振り洗い」、「つかみ洗い」など、手で優しく洗う方法です。 家庭での洗濯はできません。
漂白の記号 	塩素系漂白剤や酸素系漂白剤で漂白ができます。 酸素系漂白剤のみが使えます。 漂白剤は使えません。
乾燥の記号 ●タンブル乾燥に関する記号  ●自然乾燥に関する記号 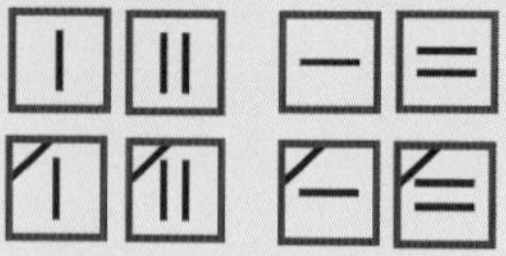	家庭でタンブル乾燥ができます。 「点（・）」は乾燥温度を表します。 「・・」はヒーターを「強」などに設定します。 「 ・ 」はヒーターを「弱」などに設定します。 タンブル乾燥はできません。 つり干しします。　平干しします。 四角の中の「｜」「－」は脱水後、「‖」「＝」は脱水せず（絞らず）に干します。 「斜線」はひさしや屋根を表しているので陰干しします。
アイロン仕上げの記号 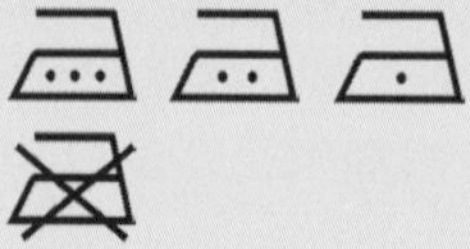	アイロンを掛けることができます。 「点（・）」はアイロンの底面温度の上限を表します。 「…」は200℃（高温）、「‥」は150℃（中温）、 「・」は110℃（低温）までです。 アイロンは掛けられません。
クリーニングの記号 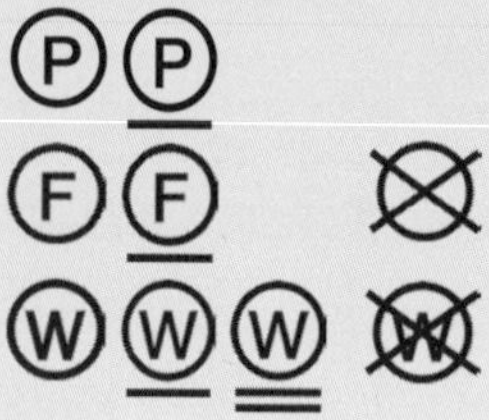	クリーニング店での洗い方の記号です。 パークロロエチレンなどの溶剤によるドライクリーニングができます。 石油系溶剤によるドライクリーニングができます。 ドライクリーニングはできません。 ウエットクリーニングができます。 ウエットクリーニングはできません。 「－」は「線なし」よりも弱く、「＝」は更に弱い処理です。

（出典：経済産業省 消費者庁）

漂白剤の性質と用途

還元系漂白剤	弱アルカリ性。白物用の洗剤。色柄物には使用しない
酸素系漂白剤	液体は、弱酸性。粉状は、弱アルカリ性。白物・色柄物どちらにも使用できる。毛や絹は液体のみ使用可
塩素系漂白剤	強アルカリ性。漂白力が強いため、毛や絹、色柄物には使用しない。白物の綿、麻などに使用する

よりよい室内環境の条件

	室内	寝室
温度	22±２℃ 夏季は外気温－５℃	16～22℃
湿度	60％程度	60％程度
光	50～1000ルクス	30ルクス以下
音	50デシベル以下	40デシベル以下

ビタミンの種類と主な働き

□脂溶性ビタミン

種類	働き	欠乏症	多く含む食品
ビタミンA	粘膜、皮膚、目を健康に保ち感染予防	夜盲症、角膜乾燥症	レバー、牛乳、バター、緑黄色野菜など
ビタミンD	カルシウムやリンの吸収促進	骨粗鬆症、くる病、骨軟化症	いわし、かつお、さんま、きのこ類など
ビタミンE	老化予防、抗酸化作用	頭痛、冷え性、脂肪吸収障害、溶血性貧血	大豆、玄米、うなぎ、アーモンドなど
ビタミンK	血液凝固作用、骨代謝	血液凝固不良	ブロッコリー、納豆、ほうれん草など

□水溶性ビタミン

種類	働き	欠乏症	多く含む食品
ビタミンB_1	糖質の代謝、記憶力を高める、神経系の働きを整える	脚気、多発性神経炎、ウェルニッケ脳症	小麦麦芽、豚肉、レバー、ごま、ライ麦パンなど
ビタミンB_2	皮膚や爪、毛の発育、コレステロールの沈着を防ぐ	口内炎、口角炎	うなぎ、レバー、鶏卵、牛乳など
ナイアシン	糖質の代謝を助ける、皮膚の発育、食欲増進、不眠症予防	ペラグラ、皮膚炎、不眠症	レバー、赤身の魚、アーモンド、プルーンなど
ビタミンB_6	たんぱく質の代謝、病原菌の抗体の生成促進	食欲不振、貧血	魚、レバー、じゃがいも、牛乳、くるみ、バナナ、キャベツなど
ビタミンB_{12}	アミノ酸の代謝、造血作用	神経障害、悪性貧血	レバー、あさり、牡蠣、豚肉など
ビタミンC	コラーゲンの生成、鉄の吸収、ビタミンEの再利用	壊血病、貧血、食欲不振	柑橘類、キウイ、ブロッコリー、トマト、じゃがいもなど
葉酸	赤血球の生成、アミノ酸の代謝	大球性貧血、下痢、舌炎	レバー、大豆、アスパラガス、ほうれん草など

嚥下障害のある利用者に対する介助の留意点

- 食前に嚥下体操（嚥下に関わる顔や首などの筋肉を動かすことで、誤嚥の予防や口腔機能の維持・回復を目的とした体操）を勧める
- 必ず見守りをして、１口の量を少なめにする
- 食べ物は、嚥下反射を促すため、その食べ物に適した温度で提供し、体温よりも少し冷たいか、温かくする
- 食べ物は口腔の前のほうにおく。食べ物を口に入れたら、口唇を閉じるように声かけをする
- 頭部が後ろに傾かないように注意して、利用者の下方から食べ物を口元に運ぶ

高齢者が食べやすい食品と食べにくい食品

食べやすい食品	プリン、ゼリー、豆腐、ヨーグルト、粥、ポタージュスープ、アイスクリーム、ムース、シチュー、すりおろした果物やジュース、とろろいもなどのネバネバしたもの、煮魚など
食べにくい食品	サラダなどの生野菜、飲み物、汁物、パン、もち、のり、せんべい、わかめ、こんにゃく、かまぼこ、ナッツ類、ごぼう、たけのこ、カステラ、はんぺん、硬い肉、りんご、焼き芋、そぼろなど

ボディメカニクスの原則

- 支持面積や基底面積を広くする
- 重心を低くする
- 重心線を基底面の中におく
- 介護福祉職と利用者の双方の重心を近づける
- 下肢などの大きな筋群を活用する
- てこの原理を活用する
- 利用者を水平に引く
- 利用者の身体を小さくまとめる

異物を除去するための応急処置

背部叩打法《はいぶこうだほう》	利用者を一方の手で背部から支えて、もう一方の手の付け根の部分で、左右の肩甲骨の中間部分を強く叩く方法。側臥位で行うときは、利用者のからだを介護福祉職のほうに向けて実施する 対象者が乳児の場合 介護福祉職の片腕に乳児をうつぶせに乗せ、手のひらで乳児の顎《あご》を支え、頭部をからだより低く保つ。もう一方の手の付け根の部分で、乳児の背中の中央部分を数回強く叩く
腹部突き上げ法 （ハイムリック法）	利用者を背部から抱きかかえ、握りこぶしをつくった手をもう一方の手で握り、へそとみぞおちの中間部分から手前上方へ圧迫するように突き上げる方法。主に立位や座位で行う。乳児や妊婦には実施しない

一問一答 ＋穴埋めドリル！

1 生活支援

Q 001 □□
生活空間とは、日常生活が営まれている環境の〔　　〕のことをいう。

Q 002 □□
生活圏は、幼年期や児童期など、〔　　　　　　　〕ごとに異なるものである。

Q 003 □□
〔　　　　〕では、利用者の自己選択や自己決定を支援する。

Q 004 □□
自立支援の最終的な目標は、〔　　　〕の向上である。

2 福祉用具

Q 005 □□
歩行器は、杖に比べて〔　　〕性に優れている。

Q 006 □□
首に変形や痛みがみられる関節リウマチの利用者が、歩行時に使用する杖としては、〔　　　　　　　〕クラッチが適している。

Q 007 □□
ロフストランドクラッチは、〔　　〕の低下がある利用者が使用する杖として適している。

Q 008 □□
固定式歩行器は、左右の〔　　　　〕を同時に持ち上げて使用する。

A 001
範囲

生活空間とは、日常生活が営まれている環境の範囲のことであり、居間、寝室、トイレ、浴室、キッチンなどが含まれる。

A 002
ライフステージ

生活圏は、幼年期、児童期、青年期、壮年期、老年期などのライフステージごとに異なるものである。

A 003
自立支援

利用者が自分の意思に基づき、自分らしい生活を過ごすことができるよう、自立支援では、その者の自己選択や自己決定を支援していく。

A 004
QOL

自立支援の最終的な目標は、QOLの向上である。

A 005
安定

４点で支える歩行器の方が、１点で支える杖に比べて安定性に優れている。

A 006
プラットホーム

首に変形や痛みがみられる関節リウマチの利用者が、歩行時に使用する杖は、杖の上端についた横木で前腕部を支えるプラットホームクラッチが適している。

A 007
握力

ロフストランドクラッチは、前腕を固定できるため、握力の弱い人に適している。

A 008
フレーム

固定式歩行器は、左右のフレームを同時に持ち上げて使用するものである。

Q 009 □□
入浴用椅子は、介護保険法に定める〔　　　　　　　　〕の種目に含まれる。

Q 010 □□
取付工事の必要がなく、持ち運びが容易なスロープは、〔　　　　　　〕の対象となる。

3 ボディメカニクス

Q 011 □□
ボディメカニクスの原則に基づく介護では、支持基底面積をできる限り〔　〕くする。

Q 012 □□
ボディメカニクスの原則に基づく介護では、〔　　〕をねじらず、足先を移動の方向に向ける。

Q 013 □□
ボディメカニクスの原則に基づく介護では、重心を〔　〕い位置で保つ。

Q 014 □□
ボディメカニクスの原則に基づく介護では、重心線を基底面の〔　〕におく。

Q 015 □□
ボディメカニクスの原則に基づく介護では、大きな〔　　〕を活用する。

Q 016 □□
〔　　〕の原理を活用することは、ボディメカニクスの原則に含まれる。

A 009 特定福祉用具販売

介護保険法に定める特定福祉用具販売の対象種目には、入浴用椅子、腰掛便座、自動排泄処理装置の交換可能部品、排泄予測支援機器、入浴補助用具（入浴用椅子、浴槽用手すりなど）、簡易浴槽、移動用リフトのつり具の部分が含まれる。

A 010 福祉用具貸与

取付工事の必要がなく、持ち運びが容易なスロープは、福祉用具貸与の対象となる。一方、取付工事が必要なスロープは、住宅改修の対象となる。

A 011 広

ボディメカニクスの原則に基づく介護では、支持基底面積を広くとる。

A 012 体幹

ボディメカニクスの原則に基づく介護では、体幹をねじらず、肩と腰を平行に保って足先を移動する方向に向ける。

A 013 低

ボディメカニクスの原則に基づく介護では、重心を低くするとよい。

A 014 中

ボディメカニクスの原則に基づく介護では、重心線を基底面の中におくとよい。

A 015 筋群

ボディメカニクスの原則に基づく介護では、腹筋、背筋などの大きな筋群を活用するとよい。

A 016 てこ

ボディメカニクスの原則には、てこの原理を活用すること、利用者を水平に移動させること、利用者の身体を小さくまとめることなどがある。

Q 017 □□ トルクの原理を応用し、利用者を仰臥位（背臥位）から側臥位へ体位変換するときは、利用者の膝を〔　　　〕。

4 食事の介護

Q 018 □□ 食事の介護は、利用者と同じ〔　　〕で行うことを基本とする。

Q 019 □□ 食事の介護の際、提供する食事は、〔　　　〕に向けて並べる。

Q 020 □□ 全介助で食事の介護をする場合は、〔　　〕ごとに飲み込んだことを確認する必要がある。

Q 021 □□ 嚥下機能が低下している利用者に対しては、頭部と体幹をやや〔　　〕姿勢にするよう促す。

Q 022 □□ 嚥下機能が低下している利用者に対しては、スプーンの１口の量を〔　　〕めにする。

Q 023 □□ 嚥下機能が低下している利用者に対しては、食べ物を口腔の〔　〕方に入れる。

Q 024 □□ 嚥下機能が低下している利用者に対しては、汁物は〔　　〕をつけて飲み込みやすくする。

Q 025 □□ 摂食・嚥下障害があるときは、嚥下訓練を〔　　　　　〕に依頼する。

A 017
立てる

トルクの原理とは、重心から作用点までの距離が長いほど少ない力で回転力が得られることをいう。この原理を応用し、利用者を仰臥位（背臥位）から側臥位へ体位変換するときは、腕を組ませ、膝を立てるなど利用者のからだを小さくまとめ、ベッド表面との摩擦を小さくする。この体勢にすることで､重心（臀部）から作用点（膝）までの距離が長くなり、最小の労力で利用者を回転させて側臥位にすることができる。

A 018
目線

食事の介護は、利用者と同じ目線で行うことが大切であり、座りながら行っても問題はない。

A 019
利用者

食事の介護の際、提供する食事は、利用者に向けて並べる。

A 020
１口

全介助で食事の介護をする場合は、１口ごとに飲み込んだことを確認する。

A 021
前傾

食事の際は、利用者にできる限り座位をとるように促し、頭部と体幹をやや前傾させた姿勢で行うことを基本とする。

A 022
少な

嚥下機能が低下している利用者に対しては、スプーンの１口の量を少なめにする。

A 023
前

嚥下機能が低下している利用者に対しては、食べ物を口腔の奥に入れると、誤嚥や窒息を生じるおそれがあるので、口腔の前方に入れることが望ましい。

A 024
とろみ

さらさらした液体は誤嚥しやすいので、とろみをつけて飲み込みやすくする。とろみの程度は、むせの具合に合わせて調整する。

A 025
言語聴覚士

摂食・嚥下障害があるときは、嚥下訓練を言語聴覚士に依頼する。咀嚼障害があるときは、義歯の調整を歯科医師に依頼する。

Q 026 □□ 肘がつき腕が自由に動かせるテーブルは、利用者の〔　　〕の保持に有効である。

Q 027 □□ テーブルで食事の介護を行うとき、車いすで食事をするときは、足を〔　　　　　　〕から下ろして床につける。

Q 028 □□ 右片麻痺の高齢者に対して行う食事介助は、〔　〕口角から食べ物を入れる。

5 調理の工夫と栄養管理

Q 029 □□ 糖尿病の予防として、〔　　　　　〕摂取量を制限する。

Q 030 □□ 高血圧症の予防として、〔　　〕や脂質を制限する。

Q 031 □□ 腸の蠕動運動の低下に対しては、〔　　　　〕の多い食品を取り入れる。

Q 032 □□ 慢性腎不全の利用者は、十分に〔　　　　〕を摂取する必要がある。

Q 033 □□ カレーなどの煮込み料理を常温保存すると、〔　　　　　〕菌が増殖する。

Q 034 □□ 調理をする際に袖口を絞った衣類を着てもらうことは、〔　〕を意識した調理支援だといえる。

A 026
姿勢

いすに座って食事をする利用者の姿勢を確保するには、肘がつき腕が自由に動かせるテーブルを用意することが有効である。

A 027
フットサポート

テーブルで食事する場合、からだを安定させるため、足底を床につけるのが基本となる。車いすに座ったままの場合でも、足をフットサポートから下ろして床につける。

A 028
左

右片麻痺の高齢者に対して行う食事介助は、麻痺のない左口角から食べ物を入れる。

A 029
エネルギー

糖尿病の予防としては、エネルギー摂取量を制限するほか、炭水化物、脂質、たんぱく質をバランスよく摂取することが有効である。

A 030
塩分

高血圧症の予防としては、塩分や脂質を制限するほか、たんぱく質やカリウムを適度に摂取することが有効である。

A 031
食物繊維

腸の蠕動運動の低下に対しては、便秘を予防する必要があることから、食物繊維の多い食品を取り入れることが望ましい。

A 032
カロリー

慢性腎不全の利用者に対する食事では、十分なカロリー摂取、たんぱく質の制限、塩分の制限、カリウムやリンの制限、適切な水分量の摂取が挙げられる。

A 033
ウエルシュ

カレーなどの煮込み料理を常温で保存すると、ウエルシュ菌が増殖する。ウエルシュ菌は、熱に強い芽胞という細胞をつくるため、再加熱しても食中毒の原因となる。そのため、粗熱がとれたあとは、冷蔵または冷凍して保存する。

A 034
防火

調理をする際に袖口を絞った衣類を着てもらうことは、防火を意識した調理支援として適切である。

---

6 排泄の介護

Q 035 □□
排泄の介護では、気兼ねなく一人で〔　　〕できる環境をつくることも求められる。

Q 036 □□
排泄の介護で、トイレまでの移動が間に合わない場合には、排泄の自立を図るため、〔　　　　　　　　〕の使用は有効である。

Q 037 □□
胃・結腸反射を利用して、生理的排便を促すための介護福祉職の支援として、〔　　〕後に冷水を飲んでもらう。

Q 038 □□
尿意がはっきりしていない場合には、本人の排尿感覚に合わせて、まず〔　　〕からトイレ誘導を始める。

Q 039 □□
寝たきり状態にある男性が使用する布おむつは、〔　〕側を厚くする。

Q 040 □□
寝たきり状態にある女性が使用する布おむつは、〔　〕側を厚くする。

Q 041 □□
寝たきりの高齢者におむつを装着する場合、おむつカバーの上端は、ウエストより〔　〕に合わせる。

Q 042 □□
寝たきりの高齢者に布おむつを装着する場合、鼠《そ》径《けい》部は、布おむつが〔　　　　　　〕の中に入るようにする。

Q 043 □□
寝たきりの高齢者におむつを装着する場合、腹部とおむつカバーとの間には、指〔　〕本程度の余裕があるようにする。

A 035 排泄

排泄の介護では、利用者の自尊心、羞恥心、プライバシーに配慮しなければならないだけでなく、気兼ねなく一人で排泄できる環境をつくることも求められる。

A 036 ポータブルトイレ

座位が可能で尿意はあるが、移動が困難な場合、安易におむつは使用せず、ポータブルトイレを利用して排泄の自立を図る。

A 037 起床

胃・結腸反射とは、空腹な状態のときに胃に飲食物が入ると、反射的に便を直腸に送り出す蠕動運動が活発になることをいう。起床後に冷水を飲んでもらうことで胃・結腸反射が起こり、生理的排便を促すことができる。

A 038 昼間

排泄の介護では、排泄の間隔など、利用者の排泄の状況を把握し、食生活や身体活動を含めた生活リズムを整える、時間でトイレに誘導するなど、排泄を適切にコントロールするようにする。

A 039 前

寝たきり状態にある男性の場合、男性の尿は腹側に流れることから、使用する布おむつは前側を厚くする必要がある。

A 040 後

寝たきり状態にある女性の場合、女性の尿は背中側に流れることから、使用する布おむつは後側を厚くする必要がある。

A 041 下

寝たきりの高齢者におむつを装着する場合、おむつカバーの上端は、ウエストより上に合わせると尿漏れの原因になることから、ウエストより下に合わせる。

A 042 おむつカバー

おむつカバーから布おむつがはみ出ると、尿漏れの原因になる。そのため、鼠径部は、布おむつがおむつカバーの中に入るように当てる。

A 043 2

おむつカバーを留めるときは、きつくなりすぎないよう、指2本程度の余裕をもって留めることが大切である。

Q 044 □□
寝たきりの高齢者に紙おむつを装着する場合、紙おむつの腹部のテープは、〔　　　　　〕になるように留める。

Q 045 □□
ベッド上で差し込み便器を使用し、排便する場合は、便器の中に〔　　　　　　　　　〕を敷く。

Q 046 □□
ベッド上で差し込み便器を使用し、排便する場合は、便器の中央に〔　　〕がくるように配置する。

Q 047 □□
便座に座って足底を床につけた前傾姿勢は、〔　　〕を高めるために有効である。

Q 048 □□
前立腺肥大症で留置カテーテルを使用している軽度の認知症がある人に対しては、陰茎を〔　〕向きにして、腹部に留置カテーテルを固定する。

Q 049 □□
便秘の傾向がある高齢者に自然排便を促すための介護として、腰部を〔　　　〕ように勧める。

Q 050 □□
浣腸液を注入するときは、利用者の体位を〔　　　　〕にする。

7 入浴や清潔の介護

Q 051 □□
入浴の介助は、利用者の全身状態を観察する機会となり、異常の〔　　　　〕につながる。

Q 052 □□
入浴前後には水分を補給し、〔　　〕を予防する。

A 044
左右対称

紙おむつの腹部のテープは、腰前面4か所で留め、左右対称になるように下段のテープは斜め上向きに、上段のテープは斜め下向きに留める。

A 045
トイレットペーパー

ベッド上で差し込み便器を使用し、排便する場合は、便器の中にトイレットペーパーを敷くことや、男性の利用者には同時に尿意があることも踏まえ、尿器も一緒に準備しておくなどの配慮が求められる。

A 046
肛門

ベッド上で差し込み便器を使用し、排便する場合は、便器の中央に肛門がくるように配置する。

A 047
腹圧

便座に座って足底を床につけた前傾姿勢は、腹圧を高め、効果的な排便につながるものである。

A 048
上

前立腺肥大症で留置カテーテルを使用している軽度の認知症がある人に対しては、陰嚢角部の潰瘍形成を予防する観点から、陰茎を上向きにして、腹部に留置カテーテルを固定する。

A 049
温める

便秘の傾向がある場合は、腹部全体を温めて、大腸の蠕動運動の活性化を図る。

A 050
左側臥位

浣腸液を注入するときの利用者の体位は、腸の走行に合わせ、左側臥位をとるように声をかける。また、浣腸液は、直腸の温度（38℃程度）に近い39～40℃に温め、ゆっくり注入する。

A 051
早期発見

入浴の際に、皮膚の発赤を見つけた場合、褥瘡の初期段階でみられるものなので、できた場所が好発部位でなくても医療職に連絡する。

A 052
脱水

入浴の際の湯温は38～40℃程度とし、入浴時間は10～15分をめやすとする。

Q 053 □□ 入浴の際は、浴室や脱衣室と居室などの温度差を小さくして、〔　　　　　　　〕を予防する。

Q 054 □□ 心臓に疾患がある人が全身浴すると、〔　　〕によって心臓に負荷がかかる。

Q 055 □□ 浴槽からの立ち上がりを急に行うと、〔　　〕が低下して貧血につながる場合がある。

Q 056 □□ 片麻痺がある人には、浴槽やシャワーチェアからの立ち上がりや移動のために、浴室の〔　　　〕は複数取り付けるとよい。

Q 057 □□ 湯温は、介護福祉職の〔　〕で触れて確認する。

Q 058 □□ からだ全体にシャワーをかけるときは、〔　　〕から行う。

Q 059 □□ 清拭の際、背部を拭くときは、〔　〕側を下にする。

Q 060 □□ 清拭では、〔　　〕度のお湯を準備する。

Q 061 □□ ベッド上で洗髪を実施する場合は、洗うときは、〔　　　〕から頭頂部に向かって洗う。

A 053
ヒートショック

ヒートショックとは、急激な温度変化がもたらす身体への悪影響をいう。居室と廊下やトイレ、脱衣室と浴室など、温度差が大きい場所への移動により、血圧が大きく変動し、心筋梗塞や脳梗塞のリスクが高まる。また、高温浴の場合、湯に入ったときの急激な血圧の上昇、温まりはじめて起こる血圧の降下と、急な血圧変動が生じ、めまいや意識消失の危険がある。

A 054
水圧

心臓に疾患のある人が全身浴をした場合、水圧によって心臓に負荷がかかる。そのため、全身浴を避け、半身浴を勧めるなどの対応をとる必要がある。

A 055
血圧

浴槽からの立ち上がりを急に行うと、血圧が低下し、貧血につながるおそれがあるため、ゆっくり行うように対応する。

A 056
手すり

片麻痺がある人に対しては、浴槽やシャワーチェアからの立ち上がりや移動のために、浴室の壁、浴槽内、浴室入り口付近の壁などに手すりを設置することが望ましい。

A 057
手

湯の温度が熱すぎたり、冷たすぎたりすると、やけどなどの事故につながるおそれがあることから、湯温は、必ず介護福祉職自身の手で確認する。

A 058
足先

からだ全体にシャワーをかけるときは、心臓への負担をやわらげるため、足先から始め、徐々に心臓のほうに向けてかけていく。

A 059
健

清拭の際、背部を拭くときは、健側を下にする。

A 060
55

清拭では、55度程度のお湯を準備する必要がある。

A 061
生え際

髪は、生え際から頭頂部に向かって洗う。洗い流す前に、乾いたタオルでシャンプーの泡を拭き取ってから、少量の湯で洗い流すようにする。

Q 062 □□

ベッド上で足浴を実施する場合は、洗う側の〔　　　〕を保持しながら洗う。

Q 063 □□

おむつで排泄している女性利用者の陰部の清拭では、会陰から〔　　〕に向かって拭く。

8 義歯の取扱い

Q 064 □□

総義歯の利用者であっても、口腔内には〔　　〕が繁殖しているので、口腔ケアが必要となる。

Q 065 □□

義歯をブラッシングする際は、通常、〔　〕めの歯ブラシを用いる。

Q 066 □□

総義歯を装着する際は、〔　〕顎から入れる。

Q 067 □□

上顎用の総義歯は、義歯の〔　〕方を下げるようにしてはずす。

Q 068 □□

総義歯を装着する際は、〔　　〕させて口腔内に入れる。

Q 069 □□

総義歯は、〔　〕や義歯用の洗浄剤を入れた専用容器に浸して保管する。

9 移乗・移動の介護

Q 070 □□

視覚障害者に対する手引き歩行では、その者に介助者の〔　〕に触れてもらう。

A 062
足関節

ベッド上で足浴を実施する場合は、片足ずつ持ち上げてすすぐことや、洗う側の足関節を保持しながら洗うことなどの対応が必要となる。

A 063
肛門

おむつで排泄している女性利用者の陰部の清拭では、尿路感染症や性器への感染防止のため、会陰から肛門に向かって拭く。

A 064
細菌

総義歯の利用者であっても、口腔内には食物残渣《ざんさ》があったり、細菌が繁殖していたりするので、定期的かつ継続的な口腔ケアが必要となる。

A 065
硬

義歯をブラッシングする際は、通常、義歯専用の硬めの歯ブラシを用いる。

A 066
上

総義歯を装着する際は、上顎を入れてから下顎を入れる。総義歯を外す際は、下顎を外してから上顎を外す。

A 067
後

上顎用の総義歯は、義歯の前方（前歯）部分をつかんで、後方を下げるようにして外す。

A 068
回転

総義歯の装着では、前歯部分をもって、奥歯の方から回転させて口腔内に入れる。

A 069
水

義歯は乾燥すると、ひずみやひび割れが生じやすくなる。このため、取り外した義歯は、水や義歯用の洗浄剤を入れた専用容器に浸して保管する。

A 070
腕

視覚障害者に対する手引き歩行では、その者に介助者の腕を握ってもらうことが基本である。

Q 071 □□
片麻痺がある人が平坦な場所での杖を使用した２点歩行を行う場合は、まず杖と〔　〕側の足を同時に動かす。

Q 072 □□
平坦な場所での杖を使用した３点歩行では、まず〔　〕を動かす。

Q 073 □□
標準型車いすを用いた移動の介護を行う際、踏切を渡るときは、〔　　〕輪を持ち上げて進む。

Q 074 □□
片麻痺がある人の車いすへの移乗では、車いすを〔　〕側に置く。

Q 075 □□
車いすの移動介護において、大きな段差を下るときは、〔　　〕向きで降ろす。

Q 076 □□
車いすの移動介護において、急な坂道を下る場合は、車いすを〔　　〕向きにして下る。

Q 077 □□
右片麻痺の利用者を仰臥位から左側臥位に体位変換する場合、〔　〕側へ水平に移動する。

Q 078 □□
右片麻痺の利用者を仰臥位から左側臥位に体位変換する場合、まず〔　〕から倒す。

Q 079 □□
高齢者の安全な移動に配慮した階段の要件として、階段の足をのせる板の奥行は、〔　　〕cm程度である。

Q 080 □□
ベッドの端に座っている左片麻痺の利用者の立ち上がりまでを介護する場合、利用者に対し、立ち上がる前に、〔　〕く座りなおすように促す必要がある。

Q 081 □□
スライディングボードを用いた、ベッドから車いすへの移乗時には、ベッドを車いすの座面より少し〔　　〕する。

A 071
患

片麻痺がある人が平坦な場所での杖を使用した２点歩行を行う場合は､「杖と患側の足」→「健側の足」の順に動かすことが基本である。

A 072
杖

平坦な場所での杖を使用した３点歩行は、杖 → 患側の足 → 健側の足の順に動かすことが基本である。

A 073
前

標準型車いすを用いた移動の介護を行う際、踏切や砂利道などの不整地では、前輪（キャスタ）を持ち上げて進むことが望ましい。

A 074
健

片麻痺がある人を車いすに移乗させる場合には、車いすをその人の健側に置くことが基本である。

A 075
後ろ

車いすの移動介護において、大きな段差を下るときは、車いすと介助者は後ろ向きになって、介助者から先に下がる。

A 076
後ろ

車いすの移動介護において、急な坂道を下る場合や電車から降りる場合は、車いすと介助者は後ろ向きになることが基本である。

A 077
右

右片麻痺の利用者を仰臥位から左側臥位に体位変換する場合、右側へ水平に移動する。

A 078
膝

右片麻痺の利用者を仰臥位から左側臥位に体位変換する場合、膝 → 腰 → 肩の順に倒す。

A 079
24

階段の足を載せる板の奥行（踏面）は､24cm程度の幅にする。また、段の１段の高さ（蹴上げ）は、16～18cm程度の幅にする。

A 080
浅

ベッドの端に座っている左片麻痺の利用者の立ち上がりまでを介護する場合、利用者に対し、立ち上がる前に、浅く座るように促すことが望ましい。

A 081
高く

ベッドを車いすの座面より少し高くすることで、スライディングボード上で利用者のからだが滑りやすくなり、介助者の負担も軽減する。

---

10 衣服の着脱の介護

Q 082
□□
利用者に対し、和式寝衣を交換する場合は、〔 〕前合わせで行う。

Q 083
□□
片麻痺の利用者がトレーナーを着る場合は、まず〔 〕側上肢から通す。

Q 084
□□
片麻痺の利用者がズボンを履く場合は、〔 〕側の足から通す。

Q 085
□□
片麻痺の利用者がＴシャツを脱ぐ場合は、まず〔 〕側上肢から脱ぐ。

Q 086
□□
右片麻痺の高齢者に対し、ジャケットを脱ぐ場合には、先に〔 〕手から脱いでもらう。

Q 087
□□
利用者に対し、ベッド上で臥床したまま和式寝衣を交換する場合は、まず〔 〕から袖を抜く。

Q 088
□□
左片麻痺の利用者が、前開きの上着をベッド上で臥床したまま交換するときの介護の基本として、介護福祉職は利用者の〔 〕側に立つ。

11 睡眠の介護

Q 089
□□
朝はカーテンを開け、日光を浴びるよう勧めることは、夜間の〔 〕につながる。

Q 090
□□
昼間に適度な〔 〕をするよう勧めることは、夜間の安眠につながる。

A 082 右

左前身頃の上に右前身頃を重ねる左前合わせは死装束を意味するものである。利用者に対し、和式寝衣を交換する場合は、右前身頃の上に左前身頃を重ねる右前合わせで行う必要がある。

A 083 患

片麻痺がある者が衣服を着る場合には、患側上肢 → 健側上肢（頭）→ 頭（健側上肢）の順に行う。

A 084 患

片麻痺がある者の衣服の着脱は、脱ぐときは健側から、着るときは患側から（脱健着患）が基本である。

A 085 健

片麻痺がある者が衣服を脱ぐ場合には、健側上肢 → 患側上肢（頭）→ 頭（患側上肢）の順に行うとよい。

A 086 左

右片麻痺のため、先に左手から脱いでもらい、次に右手をかばうように脱がせる。

A 087 肩

利用者に対し、ベッド上で臥床したまま和式寝衣を交換する場合は、肩 → 肘 → 手の順で袖を抜く。

A 088 右

上着を交換する際に、利用者を、健側を下にした右側臥位にするため、介護福祉職は利用者の右側に立つ。

A 089 安眠

朝はカーテンを開け、日光を浴びるなど、生活にメリハリをつけることは、夜間の安眠につながる。

A 090 運動

昼間に適度な運動をすることで、適度な疲労感を得られ、夜間の安眠につながる。

Q 091 □□ 清潔で〔　　〕した寝具を使用することは、安眠につながる。

Q 092 □□ 利用者に対しては、食後2～〔　〕時間後に寝るように勧める。

Q 093 □□ 長時間の昼寝は、夜間の〔　　〕につながる。

Q 094 □□ ベッドに比べて畳の部屋に布団を敷いて寝る場合の利点として、〔　　〕の不安がないという点が挙げられる。

12 廃用症候群への対応

Q 095 □□ 筋萎縮は、〔　　〕性の廃用症候群に含まれる。

Q 096 □□ 起立性低血圧は、〔　　〕性の廃用症候群に含まれる。

Q 097 □□ 入浴や清拭などの介護を行う際、皮膚の状態を観察することは、〔　　〕予防につながる。

Q 098 □□ 褥瘡予防のための皮膚のマッサージは、〔　　〕部位を避けて行わなければならない。

Q 099 □□ 感覚障害がある利用者は、皮膚の〔　　〕や摩擦に気づきにくい。

A 091
乾燥

寝具は定期的に干して、清潔かつ乾燥した状態に保つことが、心地よい安眠につながる。

A 092
3

食べたものが消化されるには2～3時間程度の時間がかかるため、食後すぐに寝ると消化不良を生じるおそれがある。

A 093
不眠

長時間の昼寝は、夜間の不眠の原因になり得るものであり、昼夜逆転といった生活習慣の悪化にもつながる。

A 094
転落

ベッドに比べて畳の部屋に布団を敷いて寝る場合の利点として、布団の方が高さがないことから、転落の不安がない。一方で、ベッドに比べて立ち上がり動作がしにくい点や介護者の負担が大きいという短所もある。

A 095
局所

筋萎縮、褥瘡《じょくそう》、関節拘縮《こうしゅく》などは、局所性の廃用症候群に含まれる。

A 096
全身

起立性低血圧、心肺機能の低下、精神機能の低下は、全身性の廃用症候群に含まれる。

A 097
褥瘡

入浴や清拭などの介護を行う際、皮膚の状態を観察することは、褥瘡の早期発見や早期治療につながる。

A 098
発赤

褥瘡予防のための皮膚のマッサージは、発赤部位を避けて行う必要がある。

A 099
圧迫

感覚障害を有する者は、皮膚の圧迫や摩擦に気づきにくいために褥瘡が生じやすい。

Q 100 □□ 要介護度が高く､日中もベッド上で過ごしている利用者には、〔　　〕の機会を確保できるよう支援する。

Q 101 □□ 褥瘡の再発や新たな部位への発生を予測するためには、褥瘡の〔　　　　　　　　〕を行うことが有効である。

Q 102 □□ 要介護度が高く､日中もベッド上で過ごしている利用者には、約〔　〕時間ごとに体位変換を行うとよい。

13 人生の最終段階における介護

Q 103 □□ 終末期にある者は、体位変換の頻度の減少や栄養状態の悪化により、〔　　〕ができやすくなる。

Q 104 □□ 終末期で終日臥床している利用者に対しては、座位姿勢を保持する機会を作ることによって〔　　〕予防を図る。

Q 105 □□ 終末期にある者であっても、入浴や清拭などによって、可能な限り〔　　〕の保持に努める必要がある。

Q 106 □□ 臨終が近づいたときは、応答がなくなっても、〔　　〕は比較的維持されている。

Q 107 □□ 終末期にある利用者に対しては、息苦しさが楽になるよう、ベッドの〔　　〕調整など姿勢の工夫をする。

Q 108 □□ 緩和ケアでは、〔　　〕的苦痛（トータルペイン）を取り除くことを目的としている。

A 100
交流

要介護度が高く、日中もベッド上で過ごしている利用者は、交流の機会が減少しやすいことから、交流の機会が確保できるような支援が必要となる。

A 101
リスクアセスメント

褥瘡のリスクアセスメントを行うことによって、利用者の心身状態を把握し、再発や新たな部位への発生を予測することにつながる。

A 102
2

要介護度が高く、日中もベッド上で過ごしている利用者に対しては、約2時間ごとの定期的な体位変換を行うことによって、褥瘡予防を図る。

A 103
褥瘡

終末期にある者は、体位変換の頻度の減少や栄養状態の悪化によって、褥瘡ができやすいため、体位変換や栄養管理を適切に行うなど、褥瘡予防を図る必要がある。

A 104
便秘

終末期で終日臥床している利用者に対しては、腹圧がかかる座位姿勢を保持する機会を作ることで便秘予防を図る。

A 105
清潔

終末期であっても、医療職と連携を図りながら、可能な限り本人の希望に沿った支援を実施していくことが望ましいだけでなく、その者の清潔保持にも努めなければならない。

A 106
聴力

臨終が近づき、応答がなくなったとしても、聴力は比較的維持されているため、最後まで語りかけながら看取るようにする。

A 107
角度

終末期にある利用者に対しては、心身に負担の少ない、半座位などの楽な姿勢で過ごしてもらえるように配慮することが望ましい。

A 108
全人

緩和ケアでは、身体的苦痛だけなく、精神的苦痛や社会的苦痛などの全人的苦痛（トータルペイン）を取り除くことを目的としている。

Q 109 □□
施設において、介護福祉職が死後の処置を行う場合、着物の帯紐を〔　〕結びにする。

Q 110 □□
終末期の介護に関わった専門職などが、利用者を看取ったあとに介護の内容を振り返ることを、〔　　　　　　　　〕という。

---

14 緊急時の対応

Q 111 □□
救命の連鎖の1つとして、「〔　　　〕の予防」が挙げられている。

Q 112 □□
人工呼吸ができる場合の心肺蘇生法では、〔　　〕：2の割合で胸骨圧迫に人工呼吸を加える。

Q 113 □□
胸骨圧迫は、少なくとも1分間に〔　　　〕回のテンポで行う。

Q 114 □□
心肺蘇生を開始するにあたって、人工呼吸がためらわれる場合には、〔　　　　　〕のみ行う。

Q 115 □□
転倒により下肢の骨折が疑われる場合は、下肢を動かさずに〔　　〕する。

Q 116 □□
飲食物を大量に嘔吐した場合は、〔　　〕位にして、口の中に残った吐物を取り除く。

Q 117 □□
喘息があり、咳込みが続き呼吸が苦しくなった場合には、〔　　〕位にすると呼吸が楽になる。

A 109
縦

施設において、介護福祉職が死後の処置を行う場合、着物の帯紐を縦結びにすることや、着物を左前に合わせることなどの配慮が必要となる。

A 110
デスカンファレンス

デスカンファレンスは、利用者を看取ったあとに、終末期の介護に関わった専門職などが亡くなった利用者の事例を振り返り、悲しみを共有しつつ、今後の介護に活用することを目的として行う。

A 111
心停止

救命の連鎖として、①心停止の予防、②早期認識と通報、③一次救命処置（CPRとAED)、④二次救命処置と心拍再開後の集中治療がある。

A 112
30

人工呼吸ができる場合の心肺蘇生法では、30：2の割合で胸骨圧迫に人工呼吸を加える。

A 113
100

胸骨圧迫は、少なくとも1分間に100回のテンポで行う必要がある。

A 114
胸骨圧迫

心肺蘇生を開始するにあたって、人工呼吸がためらわれる場合には、胸骨圧迫だけを続ける。

A 115
固定

骨折の疑いがある場合には、応急手当として、その部位を動かさずに固定する。

A 116
側臥

飲食物を大量に嘔吐した場合には、吐物で窒息しないよう、側臥位にして口腔内に残った吐物を取り除く。

A 117
起座

喘息があり、咳込みが続き呼吸が苦しくなった場合には、起座位にすると呼吸が楽になることから、オーバーベッドテーブルの上に枕を置いて、上半身を伏せることは適切な対応である。

12

介護過程

ココ!確認　ポイント・チェック!

介護過程のプロセス

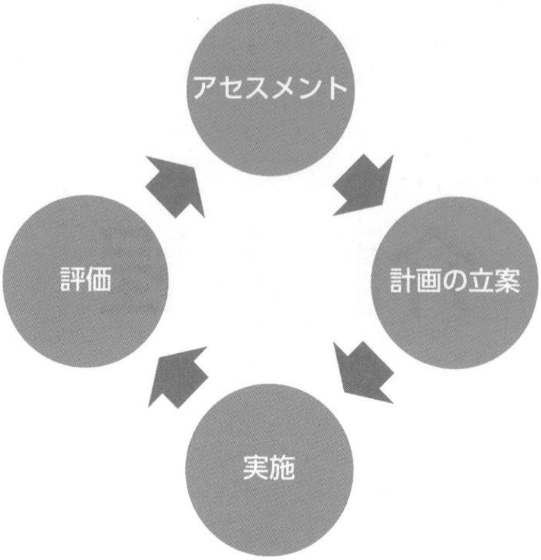

プロセス	内容
アセスメント	情報収集、情報の解釈・関連づけ・統合化、課題の明確化を行う
計画の立案	介護計画を立案する
実施	介護計画に基づいて実施する
評価	支援内容・方法の修正・確認を行う 目標の到達度を記載する

情報の種類と収集方法

主観的情報	本人からの情報、本人が話したこと
客観的情報	介護者の五感を用いた観察（コミュニケーション)、体温、血圧、計測器・測定値によるもの、記録等

介護計画作成のポイント

・利用者の生活習慣、ニーズ、希望などを考慮して立案する
・具体的な支援方法、介護目標の達成時期、計画の見直し時期などを記載する
・記載内容は、分かりやすい言葉で具体的に表現する
・可能な限り利用者の希望やニーズを優先して作成する
・利用者の意向だけでなく、利用者の家族の意向も踏まえる

介護目標の設定方法

・アセスメントで明確になった生活課題やニーズなどを踏まえて検討する
・利用者と話し合いながら内容を決めていくことが望ましい
・利用者の望む生活を実現する内容で設定することを基本とし、家族が望む生活にも配慮する
・目標は、利用者の視点に立って記述する

介護目標の種類

短期目標	・長期目標を達成するための当面の目標 ・期間を細かく定めて、段階的に設定する ・期間の目安は数週間から数か月
長期目標	・生活課題を解決するための最終的な目標 ・期間の目安は６か月から１年

チームアプローチの留意点

・チームメンバーは、利用者の状況や支援内容などに応じて流動的に変更する
・チームメンバーは、専門職のほか、ボランティアや地域住民なども含まれる
・他職種と目標を共有すること、各専門職がその専門的視点から利用者を理解すること、他職種と情報を交換し利用者の生活課題を明確化することなどを目的とする
・ケアカンファレンスなどの会議の場では、自分の担っている専門分野や役職という立場に基づいて発言する

一問一答 ＋穴埋めドリル！

1 介護過程の概要

Q 001 □□
介護過程は、利用者の〔　　〕を支援することを目的としている。

Q 002 □□
〔　　　　〕方式とは、問題志向型システムに基づき、介護過程を整理してまとめる記録方式をいう。

Q 003 □□
介護福祉職が行う今後の介護計画は、SOAP方式の「〔　〕」に該当する。

Q 004 □□
介護福祉職が観察したことは、SOAP方式の「〔　〕」に該当する。

Q 005 □□
利用者の生活課題を明確にすることは、介護過程の展開における〔　　　　　　〕の段階に該当する。

2 情報の解釈

Q 006 □□
介護福祉職が、初回の面談で情報を収集するときの留意点として、〔　　〕を意識しながら話を聴く。

Q 007 □□
情報は、大きく主観的情報と〔　　〕的情報に区分される。

Q 008 □□
利用者の発言は、利用者の〔　　〕的情報に該当する。

A 001
自立

介護過程は、利用者の自立を支援することを目的に、客観的で科学的な思考によって、根拠に基づく介護を実践するものである。

A 002
SOAP

SOAP方式とは、問題志向型システムに基づき、介護過程を整理してまとめる記録方式であり、S（Subject：主観的情報）、O（Object：客観的情報）、A（Assessment：評価）、P（Plan：計画）で構成されている。

A 003
P

介護福祉職が行う今後の介護計画は、SOAP方式の「P（計画）」に該当するものである。

A 004
O

介護福祉職が観察したことは、SOAP方式の「O（客観的情報）」に該当する。

A 005
アセスメント

介護過程において、アセスメントは、得られた利用者の情報を分析し、利用者の生活課題を明確にする段階である。

A 006
目的

面談の目的は、利用者のニーズを引き出し、生活課題を明確化することにある。そのためには、利用者が望む生活を実現するうえで解決しなければならない問題は何かを意識しながら、利用者の話を聴くことが大切である。

A 007
客観

主観的情報には、その者の考え、意見、行動などが含まれる。客観的情報には、第三者の考え、意見、行動や、機器などから得られたデータや記録などが含まれる。

A 008
主観

利用者の発言や、実際にとった行動などは、利用者の主観的情報に該当する。

Q 009 □□ 家族から聞いた利用者の生活歴は、利用者の〔　　〕的情報に該当する。

Q 010 □□ 介護福祉職が感じたことは、介護福祉職の〔　　〕的情報に該当する。

Q 011 □□ 認知機能検査の得点は、利用者の〔　　〕的情報に該当する。

3 介護計画

Q 012 □□ 介護計画に記載する実施方法は、〔　　〕的に表現する。

Q 013 □□ 介護計画を立案する際は、〔　　〕であることを大前提とする。

Q 014 □□ 介護計画に盛り込まれる内容は、利用者と〔　　〕の意向を反映する。

Q 015 □□ 介護計画には、実現可能な〔　　〕を設定するのがよい。

Q 016 □□ 介護計画における介護内容は、介護の効率よりも、利用者の〔　　〕を重視して決める。

Q 017 □□ 介護計画の〔　　〕の時期は、あらかじめ決めておく必要がある。

A 009 客観

家族から聞いた利用者の生活歴は、利用者の**客観的情報**に該当する。

A 010 主観

介護福祉職が感じたことや、介護福祉職の意見、発言などは、介護福祉職の**主観的情報**に該当する。

A 011 客観

認知機能検査の得点や病気に関する主治医の意見などは、利用者の**客観的情報**に該当する。

A 012 具体

介護計画に記載する実施方法は、利用者や介護福祉職などが十分に理解できるよう、分かりやすい言葉で**具体的**に表現する。

A 013 安全

介護計画を立案する際は、**安全**であることを大前提として、そのうえで**効果的**な介護支援の内容を位置づけていく必要がある。

A 014 家族

介護計画は、利用者の意向だけでなく、利用者の**家族**の意向も踏まえて作成する。

A 015 目標

介護計画に位置づける目標は、その利用者にとって**実現可能**なものを設定する必要がある。

A 016 能力

介護計画における介護内容は、介護の効率よりも、利用者の能力や**残存**機能を十分に活かした**自立**支援の視点に配慮する。

A 017 見直し

介護計画には、具体的な支援方法、介護目標の**達成**時期、計画の**見直し**時期などが盛り込まれる。

4 介護目標

Q 018 □□
介護計画の目標を設定する場合は、〔　　　　　　　　〕の結果を踏まえながら検討する。

Q 019 □□
介護計画で設定する目標は、〔　　　　　　　〕で設定された目標との整合性を確認する。

Q 020 □□
目標を記述するときの主語は、〔　　　〕にする。

Q 021 □□
短期目標は、〔　　〕的な内容で表現する。

Q 022 □□
介護目標は、〔　　　〕の視点に立って記述する。

5 チームアプローチ

Q 023 □□
チームアプローチを構成するチーム〔　　　　　〕は、必要に応じて流動的に変わるものである。

Q 024 □□
ボランティアや地域住民なども、チームアプローチを構成するチーム〔　　　　　〕となる。

Q 025 □□
チームアプローチでは、他職種と目的を〔　　〕することが重要である。

Q 026 □□
ブレインストーミングの原則では、数多くの〔　　〕を出すことに価値を置く。

A 018
アセスメント

介護計画で設定する目標は、アセスメントで明確になった生活課題やニーズなどを踏まえて検討する必要がある。

A 019
ケアプラン

介護計画を作成する場合に、あらかじめケアプランが設定されているときは、そのケアプランの内容に沿って介護計画を作成する必要がある。

A 020
利用者

目標を記述するときの主語は、利用者にする。

A 021
具体

短期目標は、できるだけ数値化を図るなど具体的な内容で表現する。短期目標は、長期目標を達成するために必要な当面の目標であり、期間を細かく定めて、段階的に設定する。

A 022
利用者

介護目標は、利用者の視点に立った記述をする必要があるため、「レクリエーションを通じて、他の利用者との交流を深める」や「トイレで排泄ができる」というように記述する。

A 023
メンバー

チームアプローチにおけるチームメンバーは、利用者の状況や支援内容などに応じて流動的に変わるものである。

A 024
メンバー

チームアプローチにおけるチームメンバーには、介護福祉職などの専門職だけでなく、ボランティアや地域住民なども含まれる。

A 025
共有

チームアプローチでは、他職種と目的を共有すること、各専門職がその専門的視点から利用者を理解すること、他職種と情報を交換し利用者の生活課題を明確化することなどが求められる。

A 026
意見

ブレインストーミングの原則では、意見の質よりも、数多くの意見を出すことに価値を置く。

2025年版《ねんばん》　みんなが欲《ほ》しかった！

介護《かいご》福祉士《ふくしし》の一問一答《いちもんいっとう》＋《ぷらす》穴《あな》埋《う》めドリル！

(2021年版 2020年 6 月23日　初版　第 1 刷発行)

2024年 4 月27日　初版　第 1 刷発行

編 著 者　TAC介護福祉士受験対策研究会

発 行 者　多 田 敏 男

発 行 所　TAC株式会社　出版事業部
(TAC出版)

〒101-8383
東京都千代田区神田三崎町3-2-18
電 話 03(5276)9492(営業)
FAX 03(5276)9674
https://shuppan.tac-school.co.jp/

組　版　株式会社 グ ラ フ ト

印　刷　今 家 印 刷 株 式 会 社

製　本　株式会社 常 川 製 本

ISBN 978-4-300-11076-8

N.D.C. 369

乱丁・落丁による交換，および正誤のお問合せ対応は，該当書籍の改訂版刊行月末日までといたします。なお，交換につきましては，書籍の在庫状況等により，お受けできない場合もございます。

また，各種本試験の実施の延期，中止を理由とした本書の返品はお受けいたしません。返金もいたしかねますので，あらかじめご了承くださいますようお願い申し上げます。

書籍の正誤に関するご確認とお問合せについて

書籍の記載内容に誤りではないかと思われる箇所がございましたら、以下の手順にてご確認とお問合せをしてくださいますよう、お願い申し上げます。

なお、正誤のお問合せ以外の**書籍内容に関する解説および受験指導などは、一切行っておりません。**

そのようなお問合せにつきましては、お答えいたしかねますので、あらかじめご了承ください。

1 「Cyber Book Store」にて正誤表を確認する

TAC出版書籍販売サイト「Cyber Book Store」の
トップページ内「正誤表」コーナーにて、正誤表をご確認ください。

CYBER BOOK STORE TAC出版書籍販売サイト

URL:https://bookstore.tac-school.co.jp/

2 1の正誤表がない、あるいは正誤表に該当箇所の記載がない ⇒ 下記①、②のどちらかの方法で文書にて問合せをする

★ご注意ください★

お電話でのお問合せは、お受けいたしません。

①、②のどちらの方法でも、お問合せの際には、「お名前」とともに、
「対象の書籍名(○級・第○回対策も含む)およびその版数(第○版・○○年度版など)」
「お問合せ該当箇所の頁数と行数」
「誤りと思われる記載」
「正しいとお考えになる記載とその根拠」
を明記してください。
なお、回答までに1週間前後を要する場合もございます。あらかじめご了承ください。

① ウェブページ「Cyber Book Store」内の「お問合せフォーム」より問合せをする

【お問合せフォームアドレス】

https://bookstore.tac-school.co.jp/inquiry/

② メールにより問合せをする

【メール宛先 TAC出版】

syuppan-h@tac-school.co.jp

※土日祝日はお問合せ対応をおこなっておりません。
※正誤のお問合せ対応は、該当書籍の改訂版刊行月末日までといたします。

乱丁・落丁による交換は、該当書籍の改訂版刊行月末日までといたします。なお、書籍の在庫状況等により、お受けできない場合もございます。
また、各種本試験の実施の延期、中止を理由とした本書の返品はお受けいたしません。返金もいたしかねますので、あらかじめご了承くださいますようお願い申し上げます。

TACにおける個人情報の取り扱いについて
■お預かりした個人情報は、TAC(株)で管理させていただき、お問合せへの対応、当社の記録保管にのみ利用いたします。お客様の同意なしに業務委託先以外の第三者に開示、提供することはございません(法令等により開示を求められた場合を除く)。その他、個人情報保護管理者、お預かりした個人情報の開示等及びTAC(株)への個人情報の提供の任意性については、当社ホームページ(https://www.tac-school.co.jp)をご覧いただくか、個人情報に関するお問い合わせ窓口(E-mail:privacy@tac-school.co.jp)までお問合せください。

(2022年7月現在)